Le **Tibet** *tel qu'il était*

What **Tibet** *was*

par / by
D.N. TSARONG

Préface de
S.S. Le DALAI LAMA

Recueilli par / collected by
Jean-Paul R. CLAUDON

236, Avenue Victor Hugo
94120 FONTENAY SOUS BOIS
FRANCE
Tél: (1) 43 94 92 88 - Télécopie: (1) 43 94 02 45

Conception: Christophe ANTOINE
Réalisation, photogravure numérique:
CONSERVATOIRE RÉGIONAL DE L'IMAGE
- NANCY -

ISBN 2 907754 21 1

Le palais du Potala, gratte-ciel du 17ème siècle - Photographie de D.D. Tsarong (1938)

The Potala Palace, **the sky-scrapper of the 17th century - Photograph by : D.D. Tsarong (1938)**

Sa Sainteté le treizième Dalaï Lama entouré de hauts dignitaires.

His Holiness The 13th Dalai Lama with high-ranking dignitaries.

THE DALAI LAMA

MESSAGE

Il n'existe pas beaucoup de documents photographiques sur le Tibet indépendant. En tant que tel, ce livre de photographies compilé par Dundul Namgyal Tsarong est un complément bienvenu à la rare collection de photographies documentaires concernant le Tibet. Dundul Namgyal Tsarong est le fils de Dasang Dadul Tsarong qui, en 1910, alors que le treizième Dalaï Lama était poursuivi par les troupes chinoises, combattit bravement pendant toute une journée avec l'aide de quelques volontaires afin de permettre au Dalaï Lama de s'échapper sans encombre vers l'Inde. Dasang Dadul servit plus tard le treizième Dalaï Lama en tant que commandant en chef de l'armée tibétaine. Il fut arrêté par les Chinois en 1959 et mourut à la prison de Lhassa le 14 mai de la même année.

Au travers des pages de ce livre d'images, j'espère que les lecteurs auront un aperçu des différents aspects de la vie au Tibet telle qu'elle existait avant l'invasion chinoise. Je crois en ce livre qui devrait générer une prise de conscience et apporter une meilleure compréhension de ce qu'était le Tibet et son peuple.

11 juillet 1994

THE DALAI LAMA

MESSAGE

There is not much pictorial material on independent Tibet. As such, this pictorial book on Tibet, compiled by Dundul Namgyal Tsarong, is a welcome addition to the rare documentary collection of photographs on past Tibet. Dundul Namgyal Tsarong is the son of Dasang Dadul Tsarong, who in 1910, when the Thirteenth Dalai Lama was pursued by Chinese troops, fought bravely for one whole day with the help of some volunteers to enable the Dalai Lama to escape to India safely. Dasang Dadul later served the Thirteenth Dalai Lama as the Commander-in-Chief of the Tibetan Army. He was arrested by the Chinese in 1959 and died the same year on May 14, in a Lhasa prison.

Through the pages of this pictorial book, I hope the readers will get a glimpse of the different aspects of life in Tibet that prevailed prior to the Chinese invasion. I am confident that this book will help in generating more awareness and better understanding of Tibet and the Tibetan people.

July 11, 1994

I N T R O D

Le but de ce livre est de faire connaître l'ancien Tibet au moyen de photographies. Peut-être pourra-t-il remettre en mémoire leur pays à de nombreux Tibétains en exil.

Il existe de nombreux livres d'histoire en images sur le Tibet et son peuple ; cependant, la jeune génération tibétaine et les non-Tibétains qui s'intéressent au Tibet pourront y trouver une source d'informations très utile sur ce qu'était le Tibet.

J'ai essayé de présenter de la meilleure façon cette histoire en images, mais de nombreuses difficultés et obstructions altérèrent toujours ce travail. Bien qu'il n'existât pas de lois ou de réglementations bien définies interdisant de photographier les différentes cérémonies et représentations officielles, cela était traditionnellement considéré comme irrespectueux. Aussi aucune photographie ne fut prise officiellement lors des fêtes et cérémonies, principalement lorsque Sa Sainteté le Dalaï Lama et autres officiels de haut rang étaient présents. J'ai pris de nombreuses photographies, j'ai même tourné des films en 16 mm, mais toujours avec de grandes précautions afin d'éveiller le moins possible l'attention. C'est dans ces conditions que de nombreuses photographies publiées dans ce livre ont été faites. J'y ai inclus des photographies rares dont, malheureusement, beaucoup ne bénéficiaient pas d'une mise au point très précise, surtout avec une caméra 16 mm, et ne seraient pas appréciées de nos jours. L'indisponibilité du matériel photographique sur le marché local créa d'autres difficultés. Tout devait être importé depuis l'Inde par différents canaux. J'ai développé moi-même tous les films noir et blanc mais ceux en couleur furent envoyés chez Kodak à Bombay, en Inde. A l'époque il n'existait pas de service postal direct entre l'Inde et le Tibet, aussi les films étaient-ils envoyés pour développement par l'intermédiaire d'amis qui les remettaient eux-mêmes à d'autres amis établis en Inde. Une fois développés, ces films étaient réexpédiés au Tibet par le même moyen. En procédant ainsi, s'écoulaient quelquefois trois à quatre mois avant que je puisse en voir le résultat. De cette façon, j'ai perdu de nombreux films qui m'avaient coûté beaucoup d'efforts.

La plupart des photos datent d'après 1938, à l'exception de quelques-unes qui sont l'œuvre de mon père, lui-même habile photographe.

Comme matériel, j'ai utilisé des appareils Rolleiflex, Leica III F et Contax III A, ainsi qu'une caméra 16 mm Kodak Magazine.

Cet ouvrage décrit, par la photographie, cinq aspects de la vie tibétaine de l'ancien Tibet : les fêtes et les cérémonies, les moyens de communication, l'oracle, le commerce et l'armée. Dans la dernière partie de ce livre, seules des photos avec des légendes détaillées sont présentées.

J'espère sincèrement que ce livre contribuera à une meilleure compréhension de ce qu'était le Tibet.

Namgyal Dundul Tsarong
Tsarong House
Kalimpong

U C T I O N

This book is to present the old Tibet in photographs - perhaps, to many Tibetans, it may bring back old memories of their country.

Picture-books in great numbers have been published on Tibet and its people, yet many of the young generation of Tibetans and non-Tibetans who take interest on Tibet may find in it useful information of what Tibet was once.

I have tried to present this picture story in the best possible way; but many difficulties and obstructions impair this kind of work. There are no hard and fast rules and regulations forbidding the taking of pictures of various ceremonies and functions, but traditionally, picture-taking was regarded as disrespectful; so no pictures were taken openly at festivals and ceremonies, especially where His Holiness the Dalai Lama and other high-ranking officials were present. I took several photographs, including 16mm movies, but all were taken with great caution so that the least number of people were attracted by the use of my camera. Many photographs in this book were made in such situations. There are rare photographs, but many were not in as sharp focus as one would have liked, especially the pictures taken with a 16mm movie camera. Another difficulty was the unavailability of photographic materials on the market because they all had to be channeled in from India. All black-and-white films were processed by me, but all colour films were sent to Kodak Bombay, India. There was no direct post service to India; so films were sent through friends leaving for India who then handed them over to other friends in India. They were then sent to Kodak Bombay, for processing. The processed films were then sent to Tibet by the same method. In this way, it took a very long time, sometimes up to three to four months, before I could see my pictures; and sometimes films were lost in transit. I lost many films in this way, which had taken me great effort to make.

Almost all the pictures were made after 1938, except a few which were made by my father, who was also a keen photographer. I have also included two pictures made by others in the military section.

I used Rolleiflex, Leica IIIF and Contax IIIA cameras, and also a Kodak Magazine 16mm movie camera.

This presentation describes with photographs five separate aspects of Tibetan life in old Tibet. Namely: Festivals and Ceremonies, Communication, Oracle, Trade and Military. In the last part of this book, only pictures with detailed captions are presented.

It is my sincere hope that this book will contribute a closer and better understanding of what Tibet was in the old days.

Namgyal Dundul Tsarong
Tsarong House
Kalimpong

Sommaire
Contents

Fêtes et Cérémonies
Festivals and Ceremonies

Au Tibet, la plupart des fêtes et cérémonies sont religieuses et bien trop nombreuses pour être toutes citées. Mais pour raviver quelques souvenirs, j'en décris ici les plus importantes par le biais de la photographie.

Une grande cérémonie d'accueil telle que celles qui furent réservées aux différents Dalaï Lamas du Tibet, et spécialement celle donnée en l'honneur de Sa Sainteté le quatorzième du nom, lors de son arrivée à la cité sainte de Lhassa à l'automne 1939, mérite d'être mentionnée car, en tant que telle, elle n'a lieu qu'une fois au cours d'une vie.

Avant l'arrivée du Dalaï Lama, le gouvernement formait un comité de réception qui, pendant des mois, préparait ce grand événement. A environ trois ou quatre kilomètres de la ville, de nombreuses tentes étaient dressées, dans lesquelles le nouveau Dalaï Lama et son entourage s'installaient avant d'entrer dans la ville. Le groupe de tentes situées au centre, entouré par un mur de toile, constituait la demeure du Dalaï Lama ; la grande tente, au milieu, était celle où se déroulerait la cérémonie. A l'intérieur de l'enceinte de toile, d'autres tentes abritaient la chambre du Dalaï Lama, ainsi que les toilettes, la cuisine et les chambres des assistants. Le cercle de tentes suivant était occupé par les membres de la famille du Dalaï Lama, les ministres supérieurs, les officiels de haut rang et les autres, selon leur rang. Toutes ces tentes étaient arrangées par les familles elles-mêmes, à l'exception de celles du centre, qui étaient mises en place par le gouvernement. Excepté le régent, un ministre et un grand nombre d'aides de camp qui partaient à cheval à la rencontre du Dalaï Lama, le reste des officiels du gouvernement et les représentants des monastères, des institutions et départements, prenaient place sur le campement.

Les cérémonies d'accueil ou d'adieu étaient considérées comme un événement très important au Tibet. Au cours de

Festivals and ceremonies in Tibet, mostly religious ceremonies, are far too many to mention; yet, to bring back some of the old memories, I will describe some of the important ceremonies, with photographs.

A great reception ceremony, such as the ones given to various Dalai Lamas of Tibet, especially the welcoming reception given to His Holiness the fourteenth in succession, who arrived in the holy city of Lhasa in the autumn of 1939, was worthy of mention, because such a reception was given once a lifetime.

Before the Dalai Lama's arrival, a reception committee was formed by the Government, and for many months preparations were made for the great occasion. About two miles away from the city, a large number of tents were pitched, where the new Dalai Lama and his entourage encamped before entering the city. The group of tents in the center, surrounded by a wall of cloth, was the Dalai Lama's dwelling; and the large tent in the middle was where the ceremony took place. Other tents within the cloth wall were the Dalai Lama's bedroom, restroom, kitchen and rooms for his attendants. The next circle of tents was occupied by his family members, the senior ministers, high-ranking officials, and others, according to their rank. All the tents were arranged by individuals except the center enclosure, which was arranged by the Government. Except for the Regent and a Minister, with a large number of aides-de-camp, who went a few days ahead to receive the Dalai Lama, the rest of the government officials, including the representatives of various monasteries, institutions and departments, came to the encampment. Welcoming and farewell ceremonies were considered very important events in Tibet. In such ceremonies, even foreign representatives attended the functions. Tibet had very few foreign representatives: those

telles cérémonies, même les représentants étrangers officiaient. Très peu de représentants étrangers résidaient au Tibet : ceux de l'Inde britannique (puis plus tard des représentants indiens), de la Chine, du Népal et du Bouthan. Tous les ans, le 29 décembre de l'année tibétaine, une danse religieuse marquait la préparation de la nouvelle année. Cette danse rituelle était exécutée sur le parvis du palais, devant l'aile orientale de l'édifice. Sa Sainteté le Dalaï Lama assistait à ce spectacle depuis le balcon supérieur alors que des ministres occupaient le balcon inférieur. Quant au reste des officiels, il siégeait sous un baldaquin installé sur le toit de la construction voisine. Un grand nombre de personnes assistaient à cette cérémonie qui s'y rendaient depuis la ville. La danse était conduite par des danseurs à chapeaux noirs et durait plusieurs heures. Il ne s'agissait pas de danses de divertissement mais de danses rituelles exécutées par les moines du Namgyal Drah-Tsang du Potala, le monastère privé du Dalaï Lama. Pendant que la danse était exécutée au rythme des tambours et des longues trompettes, les danseurs chantaient des prières. Habituellement, leur chef devait rester en méditation pendant une longue période avant de prendre part à ces danses. A la tombée de la nuit, celui-ci se dirigeait majestueusement vers le lieu et d'une coupe en forme de crâne versait de l'alcool dans un chaudron d'huile bouillante. Les mauvais esprits étaient dessinés sur un morceau de toile suspendu au-dessus d'un feu ardent. Ils étaient ainsi détruits et la voie était ouverte pour une bonne nouvelle année, qui commençait au sommet du palais du Potala où Sa Sainteté le Dalaï Lama assistait à une session de prières avec les moines du monastère Namgyal Drah-Tsang. Tous les officiels du gouvernement, moines ou laïcs, se joignaient également à cette assemblée. Le principal événement de cette cérémonie avait lieu le dernier matin dans le grand hall du palais. Le second jour de la nouvelle

of British India (later Indian representatives), China, Nepal and Bhutan.

A religious dance ceremony took place every year on 29th December (Tibetan year), which marked the preparation of a New Year. The ritual dance was performed in the courtyard of the Potala Palace at the eastern wing of the building. His Holiness the Dalai Lama witnessed the dance performance from the upper balcony; and the lower balcony was occupied by the cabinet ministers. The rest of the officials were seated under a canopy on the roof of the surrounding building. A large number of people used to come from the city to see this performance. The ritual dance was led by black-hat dancers, and followed by dances which lasted for several hours. These were not entertainment dances but ritual dances performed by the monks of Namgyal Drah-Tsang of Potola, the private monastery of the Dalai Lama. While the dance was being performed to the rhythm of drums and long trumpets, the dancers chanted prayers. The leading black-hat dancer usually had to stay in meditation for a long time before taking part in the dance. At the end of the day, the leading black-hat dancer came majestically forward in his dance and poured spirit from a skull over a cauldron of boiling oil. The evil spirits were represented on a drawing made on a piece of cloth suspended over the roaring fire. The evil spirits were destroyed and the way was paved for a fresh new year. The new year began on the top of the Potala Palacen, where His Holiness the Dalai Lama attended a prayer session with the monks of Namgyal Drah-Tsang monastery. All the government officials, both lay and monks, also gathered with the congregation. The main event of the ceremony took place in the late morning in the great hall of the palace. The second day of the new year was considered more important, and more elaborate ceremonies were held at the palace, which lasted for three or four hours. It was

année était considéré comme le plus important, avec des cérémonies plus élaborées qui se déroulaient au palais et duraient de trois à quatre heures. Alors que la population appréciait cette journée de chants et de danses, pour les officiels, cette longue cérémonie était vraiment difficile car ils devaient l'accomplir revêtus de costume encombrant et nous rentrions chez nous souvent exténués.

Le troisième jour était également un jour important de la fête, qui se poursuivait au monastère de Nechung, là où siégeait l'oracle. Le régent et tous les officiels du gouvernement se devaient d'y assister. En certaines occasions, le Dalaï Lama lui-même était présent. La journée débutait par une danse sur le parvis, peut-être pourrions-nous l'appeler «danse des esprits courroucés». Après cela, l'oracle entrait en transe et habituellement il faisait une prédiction quant à l'avenir du pays. L'oracle était revêtu d'un costume créé spécialement par le cinquième Dalaï Lama pour ce jour particulier. L'oracle du Nechung possédait plusieurs costumes magnifiques et il occupait le plus haut rang parmi les centaines d'oracles que comptait le Tibet. Un de ses plus beaux costumes était celui offert par le treizième Dalaï Lama, en 1928, réalisé par les maîtres tailleurs et artisans de l'Etat.

La fête de Monlam, le festival annuel de la grande prière, commençait presque immédiatement après les célébrations du Nouvel An. La congrégation des moines arrivait des trois grands monastères que sont Sera, Drepung et Gaden, connus comme les trois piliers du Tibet. Environ 20 000 moines s'assemblaient dans la ville pour une durée de vingt et un jours. Ce festival de prières fut inauguré au XVe siècle par Tsong Khapa, le fondateur de l'ordre des *gelugpa* qui donna un pouvoir considérable au monastère de Drepung. Ce pouvoir était si grand que les chefs de ce monastère régnaient pratiquement sur la ville. Quelquefois, ses deux

quite a task for the officials attending this long function with their bulky costumes. We used to come home quite exhausted, while the public enjoyed the day's singing and dancing.

The third day was also an important day of the festival at the Nechung monastery. This was the seat of the Nechung oracle. The day was attended by the Regent and all the government officials. There had been occasions when the Dalai Lama also attended this ceremony. The day began with a dance in the courtyard; perhaps we can call this a dance of the wrathful spirits. After this the oracle went into a trance, and usually a prediction was made on the state of the country. On that particular day the oracle wore a costume made by the fifth Dalai Lama. The Nechung oracle had several beautiful costumes, and he was the highest-ranking oracle among hundreds. One of the best costumes was the one presented by the thirteenth Dalai Lama in 1928, which was beautifully made by master tailors and craftsmen of the state.

The Monlam festival, the great prayer festival of the year, began almost immediately after the new year celebrations. The congregation of monks came from three great monasteries, Sera, Drepung and Gaden. The monks numbered about 20,000, assembled in the city for a period of twenty-one days. The prayer festival was inaugurated by Tsong-Khapa in the fifteenth century. He was the founder of the Gelukpa order and gave considerable power to the monastery of Drepung. The power conferred on the monastery was so great that the heads of the monastery virtually ruled the city. Sometimes, its two administrators, called Shal Ngos, would excess the power at their command. Besides their everyday maintaining of law and order among the large number of monks as well as the public, they made a special inspection of the cleanliness of streets and lanes.

administrateurs, nommés *shal-ngos*, outrepassaient leurs pouvoirs.

Indépendamment du maintien journalier de l'ordre et de la loi parmi les moines et le peuple, ils procédaient à une inspection spéciale de la propreté des rues et des ruelles. Les personnes qui ne nettoyaient pas devant chez elles étaient souvent battues sur place. Lorsque le festival était terminé, habituellement le vingt-quatrième jour du premier mois (du calendrier tibétain), les *shal-ngos* et leurs assistants s'en retournaient à leur monastère. Avant de monter sur leurs poneys, les cravaches et les cannes qu'ils avaient collectées auprès de l'administrateur de la ville lors de leur arrivée étaient jetées au sol de manière arrogante pour que les policiers et les autres les ramassent. Ils montraient ainsi avec force leur pouvoir et leur orgueil.

Ce même jour, avait lieu la cérémonie de Torgyap qui servait à chasser les mauvais esprits de l'année écoulée en brûlant la *torma*, figure de pâte (farine d'orge et eau) représentant ces mauvais esprits. Depuis la porte principale de la cathédrale centrale, la procession était menée par les moines du Namgyal Drah-Tsang, du palais du Potala. Des bannières multicolores faites de brocarts de grande qualité étaient portées par de nombreuses personnes. Depuis la porte sud du Tsuk-Lag-Khang, les moines du monastère de Sera Ngag-pa formaient une procession similaire. Pour ce jour, Gaden Tri Rimpoché, chef de la secte *gelugpa*, conduisait une procession de moines depuis le Gyu-mey Drah-Tsang de l'université tantrique. Des files de moines portant des tambours, des cymbales et des cloches suivaient Gaden Tri Rimpoché. L'oracle du Nechung, revêtu de son plus splendide costume, se rendait également au Torgyap, suivi par des centaines d'hommes habillés comme les guerriers des anciens temps, qui tiraient par intermittence des salves de leurs vieux fusils, à l'autre extrémité de la procession. De

The people who did not clean in front of their yard often got a beating on the spot. When the festival ended, usually on the 24th of the 1st month, the Shal-Ngos with their attendants departed for their monastery from the Tsuk-Lag-Khang, the Central Cathedral, where they had established themselves during the twenty-one days of their administration of the city. Before they mounted their ponies, the whips and canes that they had collected from the city administrator upon their arrival were simply thrown in the courtyard in an arrogant manner to be picked up by the police constables and others. This was a show of strength, power and pride.

That day was that of the great Torgyap ceremony, driving away the evil spirits of the year. That was the day of the destruction of evil by burning the Torma, a figure representing the evil spirits, made out of dough. From the main gate of the central cathedral the procession was led by the monks of the Namgyal Drah-Tsang of the Potala Palace. Multicoloured banners made of high quality brocades were carried by a number of people. From the southern gate of the Tsuglak-Khang, the monks from Sera Nga-pa brought out a similar processsion. On that day, the Gaden Tri Rinpoche, the head of the Gilug Sect, led a procession of monks from the Gyu-mey Drah-Tsang of Trantic College. Lines of monks carrying drums, cymbals and bells followed the Gaden Tri Rinpoche. The Nechung oracle in his grandest costume also went to the Torgyap followed by hundreds of men dressed as olden-day warriors, firing their hand-guns at intervals on either side of the procession. A large number of cavalry in ancient costumes and armour also took part in this ceremony, led by two generals who acted in yearly turn from among the senior officials. Along with their attendants dressed in gorgeous brocades, they led two columns of cavalry of about 500 to the site of Torgyap. There were

nombreux cavaliers en anciens costumes et en armures prenaient également part à cette cérémonie dirigée par deux généraux qui étaient les représentants des officiels. Eux et leurs assistants revêtus de leurs splendides brocarts dirigeaient deux colonnes de cavalerie d'environ 500 hommes sur le site de Torgyap.

De nombreuses cérémonies se déroulaient tout au long de l'année, mais le premier mois comprenait le plus grand nombre de fêtes et de cérémonies. La fête de la Nouvelle Année se terminait par l'inspection de la cavalerie et de ses équipements. Elle avait lieu dans un grand champ situé à l'arrière du palais du Potala. Chaque homme du régiment de cavalerie faisait feu avec son fusil depuis son cheval lancé au grand galop, puis, balançant le fusil sur son dos, il tirait une flèche vers une cible. Le lendemain se déroulait un concours de tir à l'arc à longue distance. Le meilleur tireur atteignait souvent la cible située à environ 750 mètres.

Dans la soirée, certains officiels participaient à une compétition de tir à l'arc sur petite distance. La cible était suspendue au bout d'une corde à environ 25 mètres et on plaçait une épaisse couverture derrière celle-ci pour amortir l'impact des flèches. Au bout de la flèche était fixé un petit morceau de bois creux, avec des trous sur les côtés, qui émettait un son agréable au cours du vol. Les uns après les autres, ceux qui obtenaient le meilleur total étaient appelés devant les ministres qui leur offraient le *chang*, une bière locale. Ils remettaient au gagnant des écharpes pour récompense. Le festival terminé, les ministres et les officiels qui avaient assisté à la cérémonie rentraient chez eux à cheval dans la bonne humeur.

numerous ceremonies during the year, but the first month of the year had the greatest number of ceremonies and festivals. The new year's festival ended with the inspection of the cavalry-men and their equipment. It took place on a big field at the back of the Potala Palace. Each man of the cavalry regiment fired his rifle from his horse at full gallop, then, swinging his rifle onto his back, followed it up with his arrow at the target. The next day there was a contest of long-range arrows. The best man often shot beyond the mark of 1,000 paces (about 800 yards).

In the evening some of the officials participated in a contest of short-range arrow-shooting. The target was hung over a rope at a distance of about 25 yards, and a thick blanket-like cloth was placed at the back of the target so as to take the impact of the arrow. At the tip of the arrow there was a small hollowed-out wooden block with holes on its sides, which made a pleasant sound during its flight. Again and again the best marksmen were called in front of the ministers and were offered *chang*, a local beer. They were given scarves as a gesture of pleasure at their marksmanship. The festival ended and the ministers and officials who had attended the festival rode back home in a pleasant mood.

Campement à Do-Gu Theng pour la réception de Sa Sainteté le quatorzième Dalaï Lama arrivant à Lhassa, en provenance de l'Amdo, en 1939. La photographie a été prise par le défunt D. D. Tsarong, père de l'auteur.

Tent camp at the Do-Gu Theng for the reception to His Holiness the 14th Dalai Lama when he arrived in Lhasa from Amdo in 1939. The photograph was taken by late D. D. Tsarong, father of the author.

Tente du Dalaï Lama spécialement doublée de peau de léopard. Elle n'est montée que lors d'occasions très spéciales. Photographie du défunt D. D. Tsarong.
(1939)

The Dalai Lama's tent, specially walled with leopard skins, is taken out on very special occasions. Photograph by the late D.D. Tsarong.
(1939)

Danse rituelle des chapeaux noirs dans la cour de l'aile orientale du palais du Potala. (1946)

Black-hat ritual dance in the courtyard of the eastern wing of the Potala Palace. (1946)

Vers la fin de l'année, les moines du Namgyal Drah-Tsang exécutaient, tout en chantant, les danses rituelles. L'effigie représentant les mauvais esprits était alors brûlée en guise d'exorcisme dans la cour du palais du Potala. Les officiels du gouvernement tibétain étaient assis sous un baldaquin alors que les représentants des gouvernements étrangers prenaient place sur les balcons pour assister à la cérémonie.
(1946)

Toward the end of the year, the monks of the Namgyal Drah-Tsang performed the ritual dances while chanting. An effigy representing the evil spirits was burnt, a kind of exorcism performed in the courtyard of the Potala Palace. The Tibetan government officials sat under the canopy while the representatives of foreign governments were housed on the balconies to witness the ceremony.
(1946)

Cavalerie, ornée et costumée dans le style ancien, défilant en procession pour célébrer la fête annuelle du Monlam.

Cavalrymen, uniformed and armoured in the style of olden days, proceeding to the celebration of the annual Monlam festival.

Soldats à pied, revêtus d'armures anciennes, prenant part à cette même célébration.

Similarly, foot-soldiers in ancient armour also took part in the celebration.

Procession de
Torgyap sortant de
la cathédrale
centrale de Lhassa.
(1946)

Torgyap
procession coming
out from the
Central Cathedral.
(1946)

Effigies dénommées *torma*
représentant les mauvais esprits.
(1946)

"Torma" effigies, representing
evil spirits.
(1946)

Ces effigies étaient jetées dans un feu
ardent symbolisant ainsi la destruction
des ennemis du pays.
(1946)

The effigies were thrown into the
roaring fire, which meant that the
enemies of the country
were destroyed.
(1946)

Chaque année était célébrée une «fête des lampes à beurre». Ces décorations lumineuses n'étaient mises en place qu'après le coucher du soleil car elles étaient faites de beurre coloré savamment travaillé et disposé sur des cadres de cuir. La photo montre la façon dont on hissait ces cadres sur les façades. Il y en avait plus de cent installées le long des rues de la ville. Certaines de ces compositions étaient très belles et représentaient des spectacles de marionnettes donnés dans les galeries ouvertes de certains monastères. Le Dalaï Lama faisait le tour des rues, accompagné de ses ministres et de ses secrétaires, les examinait les unes après les autres et décernait des prix aux œuvres les plus belles.

A butter lamp festival was celebrated once every year. Being made of intricate butter work, they were displayed only after sun set. The photograph shows the art works of coloured butter on skin frames as they are being risen. There were over 100 pieces set up around the inner circle of roads in the city. Some of these butter structures were beautifully made, representing puppets from an open gallery of a monastery. The Dalai Lama, accompanied by his ministers and secretaries, went round for inspection and prizes were awarded to the best works.

Moines du monastère de Gyumey se rendant sur le site de Torgyap où devait être brûlée la *torma* représentant les mauvais esprits. (1944)

Monks of the Gyumey monastery on their way to the Torgyap site where the Torma representing the evil spirits was burnt. (1944)

Généralement, pour rehausser la qualité des cérémonies on louait les services de femmes spécialement formées à cet effet. On les parait de bijoux, coiffures et costumes de la meilleure qualité. (1943)

Trained women were generally hired to take part in various ceremonies. Elaborate ornaments and brocade costumes of the highest quality were arranged to adorn them by the organisers. (1943)

Groupe de jeunes officiers équipés de
leurs fusils, arcs, flèches et javelots
prêts à participer à une démonstration
de monte et de tir au galop. Cet
exercice était obligatoire pour tous les
officiels du gouvernement.
(1942)

A group of junior officers participating
in the showmanship of handling their
guns, bows and arrow, and spears
while galloping on horses. This
exercise was compulsory for all
government officials.
(1942)

Ces gens en tenue de cérémonie
appartenaient à une classe sociale qui
n'avait pas le privilège d'entrer au
service du gouvernement. C'étaient
pourtant des personnages importants
qui travaillaient pour de grandes
maisons privées en tant que directeurs,
administrateurs, secrétaires, simples
employés de bureau, etc...

These people in their ceremonial dress
belonged to a certain type of class who
did not have the privilege of entering
the Government service, yet they were
important people who worked for large
private houses as directors, managers,
secretaries, clerks, etc...

Ces danseurs *aprak*, comme on les appelait, n'apparaissaient qu'au cours de cérémonies très particulières comme les visites du Dalaï Lama.

Aprak dancers, as they were called, appeared only in very particular ceremonies such as the Dalai Lama's visit on special occasions.

Lorsqu'une cérémonie prenait fin et que les invités de la délégation quittaient les lieux, une coutume, ou une croyance, voulait que se déroule une certaine prestation appelée *yan-guk*. Celle-ci était toujours exécutée par une femme qui portait une assiette de farine d'orge dans sa main gauche et une flèche ornée d'écharpes de couleur dans sa main droite. Après le départ des invités, elle brandissait la flèche d'avant en arrière pour retenir la chance qu'ils emportaient avec eux. Lors d'un mariage, la *yang-guk* devait être accomplie lorsque la mariée quittait sa maison.

When an official ceremony ended and the guests of the delegation left the place, a traditional custom or belief called for a certain performance, the "Yang-guk". This was always performed by a woman who would carry a plateful of barley flour on her left hand and holding an arrow bound by coloured scarves in her right hand. She waved the arrow back and forth after the departure or the party so as to hold back the luck being carried away by them. On a marriage day, the "Yang-guk" had to be performed when the bride left her home.

Ministres et autres officiels de haut rang offrant des écharpes d'adieu au panchen lama quittant Lhassa pour son siège de Shigatsé.
(1952)

Ministers and other high rank officials offering farewell scarves to the Panchen Lama at Lhasa before his departure for his seat at Shigatse.
(1952)

Dignitaires étrangers et diverses communautés en train d'offrir des *khata* (écharpes de soie blanche) et leurs bons vœux au panchen lama qui, pour la première fois, se rendait au siège de son monastère de Tashi Lhunpo à Shigatsé.
(1952)

Foreign dignataries and various communities offering their scarves and good wishes to the Panchen Lama, who, for the first time, was on his way to his seat at Tashi Lhunpo, Shigatse.
(1952)

Officiels assis lors d'une cérémonie d'adieu donnée en l'honneur du
panchen lama en partance pour
son monastère de Shigatsé en 1952.
On voit la légation népalaise entrer par la porte.

Officials sitting in a farewell ceremony in honour of the Panchen Lama,
who was leaving for his
monastery at Shigatse in 1952.
The Nepalese Legation is seen entering the gate.

L'oracle du Nechung s'avançant pour accueillir
Sa Sainteté Gaden Tri Rimpoché se rendant sur
le site de Torgyap.
(1944)

The Nechung oracle proceeding to greet His
Holiness Gaden Tri Rinpoche who was on his
way to the Torgyap site.
(1944)

Officiels du gouvernement assistant,
assis selon leur rang,
à une cérémonie.
(1952)

Government officials, sitting in accordance with
their rank, attending a ceremony.
(1952)

Groupe d'officiels attendant le début d'une
cérémonie. Le major G. Sheriff, officier
responsable de la mission britannique de
Lhassa, est assis parmi ces officiels à l'occasion
d'un adieu au régent Rading.
(1940)

Officials in groups waiting for the ceremony to
begin. Major G. Sheriff, officer-in-charge of the
British Mission at Lhasa is sitting among the
officials. The occasion was the farewell
ceremony to the Regent Radaing.
(1940)

Communications
Communications

Au Tibet, les transports de marchandises s'effectuaient principalement à dos d'animaux : des mules, des chevaux, des ânes, des yacks, des chameaux et même des moutons. Pour leurs déplacements, les Tibétains utilisaient des chevaux et des mules, mais la femelle du yack était considérée comme l'animal ayant le «pied le plus sûr» pour les routes difficiles des montagnes.

Jusqu'à ce que les Chinois viennent au Tibet, il existait peu de moyens de transport à roues efficaces, bien que quelques réalisations intéressantes eussent été tentées pour les moderniser dès 1916.

En effet, les premiers véhicules à moteur furent importés au Tibet dans les années 1915-1916 par le service des Postes de l'Inde britannique. Deux véhicules à moteur faisaient la navette entre Phari et Gyantsé où étaient basés le représentant commercial et une escorte de soixante-quinze soldats qui gardaient la route commerciale vers l'Inde. Cette possibilité de faire transporter les produits postaux par ces véhicules ne dura qu'une courte période. Les populations locales, soutenues par les conservateurs de Lhassa, s'opposèrent à ce mode de transport et bientôt les voitures furent démontées et renvoyées en Inde.

En 1924, Changopa, qui rentrait au Tibet après un séjour en Grande-Bretagne où il avait été envoyé pour y recevoir une formation d'électricien, rapporta une motocyclette. Lors de son retour, il existait de fortes oppositions contre toute idée nouvelle, ou de modernisation, de la part des conservateurs soutenus par les monastères. L'école anglaise de Gyantsé fut fermée et les officiers et généraux de l'armée commandés par mon père destitués des postes militaires. De nombreux officiers avaient été formés dans différents cantonnements militaires anglais en Inde, ce qui constituait un grand souffle de modernisation pour la défense du Tibet. Ayant entendu

Transport in Tibet was mostly by pack-animals: mules, horses, donkeys, yaks, camels and even sheep were used for the transportation of goods. For riding, people used horses and mules, but the female yak was best for mountains or rough roads, for it was considered the surest-footed animal.

Until the Chinese came into Tibet, there was no effective wheeled transport in large numbers. Yet a few interesting efforts to modernise transport in Tibet came to light as early at 1916.

The first motor vehicles were brought into Tibet in 1915-16 by the British India post-office. There were two motor vehicles plying between Phari and Gyantse, where the Trade Representative was stationed with an escort of seventy-five soldiers guarding the trade route to India. This arrangement of having post carried by these vehicles lasted for a short period. There were strong objections by the local people, supported by the conservatives, at Lhasa. Soon the cars were dismantled and sent back to India.

Next, in 1924, a motorcycle was brought by Changopa, who was returning to Tibet from England, where he had been sent for training as an electrician. At the time of Changopa's arrival in Lhasa, there were very strong objections by the conservatives, supported by the monasteries, against any new idea or modernization. The Gyantse English school was closed, and the army generals and officers, headed by my father, were removed from military posts. Many of the officers had been trained at various British military cantonments in India. This was a great blow to the modernization of Tibet's defence. Having heard of all these hapenings, Changopa did not dare to use his motorcycle; instead, he made it a gift to His Holiness the 13th Dalai Lama. A demonstration of the machine was held in the palace

parler de tous ces événements, Changopa n'osa pas utiliser sa motocyclette et il en fit cadeau à Sa Sainteté le treizème Dalaï Lama. Une démonstration de cette machine eut lieu dans la cour du palais, mais elle ne fut jamais plus pilotée par quiconque.

En 1929, le treizème Dalaï Lama acheta une Dodge en Inde et dans les années suivantes, deux Austin 7. Fréquemment, le Dalaï Lama se servait de sa Dodge jaune alors que les autres voitures étaient conduites par ses hommes de confiance. A une certaine époque, le Dalaï Lama eut l'idée de faire des routes et d'introduire des véhicules à moteur au Tibet ; mais en raison de la réticence montrée par les conservateurs, il dut revoir son projet. Après le décès de Sa Sainteté le Dalaï Lama en 1933, ces véhicules ne furent plus jamais utilisés à l'exception de la Dogde jaune, sortie en quelques occasions par Sa Sainteté le quatorzième Dalaï Lama.

Cinq ans plus tard, en 1938, un nommé Daing Topa acheta une motocyclette. Au début, il fut prudent et n'allait pas sur les routes publiques. Par la suite, des motocyclettes furent importées à Lhassa par d'autres et par moi-même. Nous faisions très attention de ne pas nous montrer sur les routes principales que de nombreux officiels de haut rang empruntaient tous les jours à cheval pour se rendre à leur bureau. A cette époque, le régent Rading était au pouvoir et s'intéressait aux idées modernes. Il possédait deux ou trois motocyclettes à titre personnel. Sous cette protection, nous appréciions beaucoup de conduire nos engins, avec modération toutefois. Peu après la démission du régent Rading, Tak-Drak, un régent conservateur, prit le pouvoir et donna l'ordre, en 1943, d'interdire de tels engins. Cette interdiction concernait l'usage des motocyclettes, mais aussi des vélos, des chapeaux de feutre, des chaussures et bottes modernes en cuir, des selles de cuir faites à l'étranger ainsi que le football. Le refus de la modernisation était encore

courtyard but it was never used by anyone later.

Then, in 1929, the 13th Dalai Lama bought a Dodge Car from India, and added two more Austin-7 cars in the subsequent years. The Dalai Lama frequently used his yellow Dodge and other cars were used by his confidants. The Dalai Lama at one time had the idea of making roads and introducing motor vehicles into Tibet, but because of the displeasure shown by the conservatives, he had to slow down his programme for some time. These cars were never used after the passing away of His Holiness the 13th Dalai Lama in 1933, except for His Holiness the 14th Dalai Lama, who later used the yellow Dodge on a few occasions.

After a gap of five years, a Daing Topa bought a motorcycle in 1938. At first, he was careful not to use it on public roads. Thereafter, a few motorcycles were brought into Lhasa by others, including myself. We were careful not to drive on main roads, where there were many high-ranking officials who went on horses on their daily way to their offices. At that time, the Regent Radaing was in power. He took an interest in modern ideas and had owned two or three motorcycles. So, under his protection, we enjoyed riding motorcycles. Soon after the resignation of the Regent, a conservative Regent, Tak-Drak, came into power and a prohibition order came into effect in 1943. The ban included the use of motorcycles, cycles, felts hats, modern leather boots or shoes, foreign-made leather saddles and soccer games. This door shut on modernization remained so till the Chinese came to Tibet in 1950.

The Chinese army brought a jeep to Lhasa and, on the day the army marched into the city, a single jeep was seen among hundreds of horses and other animals. I was in India at that time, taking delivery of electrical goods for the Government and despatching them to Tibet. I had bought a Land Rover and despatched it to Tibet hoping that it might

vivace lors de l'entrée des Chinois en 1950.

L'armée chinoise apporta avec elle une Jeep à Lhassa et lorsqu'elle entra dans la ville, on put l'apercevoir parmi des centaines de chevaux et autres animaux. A cette époque, j'étais en Inde pour le compte du gouvernement, afin de prendre livraison de matériel électrique pour l'envoyer au Tibet. J'avais acheté une Land Rover et l'avais expédiée au Tibet en espérant qu'il serait ainsi possible d'y introduire un moyen moderne de transport. Cette voiture fut démontée en autant de petites pièces qu'il était possible pour être ramenée à Lhassa. Par la suite, des Jeeps, des voitures et même quelques camions furent importés par d'autres. Dans les années 1955-1956 on pouvait ainsi voir en ville de nombreuses voitures et des Jeeps.

be possible to introduce modern transport into the country. The car was dismantled to the smallest possible parts and brought to Lhasa. Then jeeps, cars and even a few trucks were imported by others. By 1955-56, there were many cars and jeeps in the city.

Transport à dos
d'hommes d'un
véhicule à moteur
au col de
Nathu La.
(1954)

Men moving the body
of a motor vehicle
over the Nathu La
Pass. (1954)

Pont suspendu de
Drikung.
Des câbles
soutiennent le passage
garni de peaux de
bêtes, elles-même
maintenues par des
lanières de cuir.
Au centre, des
planches de bois
facilitent le passage à
pied.

The suspended bridge
at Drikung.
It was supported by
wires and people
walked on boards
placed on skins that
were held by leather
straps.

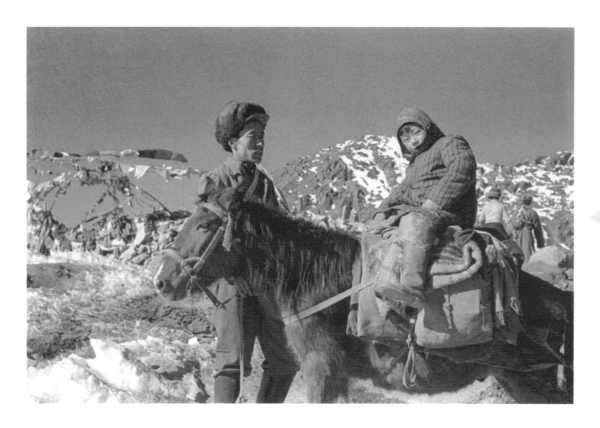

Paljor, le plus jeune fils de l'auteur, au sommet du col Nathu La, à la frontière entre l'Inde et le Tibet.
(1956)

The author's youngest son, Paljor, at the top of Nathu La Pass, on the border between India and Tibet.
(1956)

Chevaux et mules traversant une large rivière, leurs cavaliers sont passés plus haut sur un pont rudimentaire.
(1952)

Horses and mules crossing a large stream while their riders crossed over a crude bridge further ahead.
(1952)

La laine, principale marchandise d'exportation du Tibet, était transportée à dos de mule en direction de l'Inde.
(1954)

Tibet's major export of wool
was transported
to India by mule.
(1954)

Chameaux transportant des marchandises dans les plaines de Phari. (1954)

Camels transporting goods on the plains of Phari.
(1954)

Voyageurs traversant les plaines de Phari
balayées par le vent.
(1946)

Travellers crossing the windswept plains of
Phari.
(1946)

Voyageurs se rendant au Sikkim par le col de
Nathu La.
(1954)

Travellers decending from Nathu La Pass into
Sikkim.
(1954)

Troupes menées par Dasang Dadul Tsarong, escortant le quatorzième Dalaï Lama en fuite vers l'Inde en 1950. Leur mission était d'aller couvrir la grande route qui longeait la rivière Kyichu.
Ceci est un hommage à son action héroïque de 1909, lorsqu'il réussit à arrêter les Chinois à Chaksam, permettant ainsi au treizième Dalaï Lama et à son entourage de fuir en Inde.
(1950)

Troops led by the author's father, Dasang Dadul Tsarong to escort the 14th Dalai Lama fleeing to India in 1950. The force was being sent on the southern bank of the river Kyichu to cover the main road on the other side. This is a kind of a legacy left by him when he successfully stopped the Chinese at Chaksam in 1909, making it possible for the 13th Dalai Lama and his entourage to reach India.
(1950)

Entourant l'Austin A-7 immatriculée Tibet n°2, se tiennent, à droite Kun Phail La et à gauche Tashi Dhon-Drub, qui furent très proches de S.S. le treizième Dalaï Lama pendant les dernières années de sa vie.
(1932)

With an Austin A-7 marked Tibet No2, standing on the right is Kun Phail La and, on the left, Tashi Dhon-Drub, who were close confidants of the 13th Dalai Lama during his last years.
(1932)

Un tableau thangka de
«Choegyal» (Dharma
Pala), réalisé par un
des meilleurs peintres
tibétains de Derge,
dans l'est du Tibet.

A thangka painting of
"Choegyal" (Dharma
Pala). It was painted
by one of the foremost
painters in Derge,
eastern Tibet.

L'Oracle d'état du Nechung ▦ The state Oracle of Nechung

Il existait des centaines d'oracles au Tibet, mais le premier par le rang était celui du Nechung. L'histoire de cet oracle renommé remonte au roi Trisong Detsen, au VIIIème siècle. Au cours de son règne, le roi invita le grand maître tantrique Padma Sambhava à se rendre au Tibet depuis l'Inde. Lors de son arrivée, il découvrit que des esprits de tout niveau occupaient le pays et qu'ils devaient être soumis avant que son enseignement ne soit répandu. Grâce à son grand pouvoir divin, il supprima et détruisit alors tous les mauvais esprits, et les plus utiles furent envoyés un peu partout en qualité de protecteurs du pays. Après avoir construit le monastère de Samye, Padma Sambhava, par son pouvoir divin, apprit l'existence de la statue en turquoise du Seigneur Bouddha qui se trouvait dans le temple de Patahar, non loin de la frontière du Sinkiang et de la Mongolie. Le roi envoya alors son fils à la recherche de cette statue qui la rapporta au monastère de Samye. Lors de son arrivée, Padma Sambhava constata qu'un esprit haut placé, nommé Péhar, avait suivi la statue sacrée. Il décida alors d'envoyer l'esprit à Ghung-Thang en qualité de protecteur de ce lieu. Lorsque le feu détruisit le monastère de Ghung-Thang, ses occupants perdirent foi en leur protecteur et une boîte pleine d'affaires appartenant à l'esprit fut jetée dans la rivière Kyichu.

Le *khenpo*, l'abbé de la maison Deyang, dépendant du monastère de Drepung, par divination, eut connaissance de l'incident survenu à Ghung-Thang et de la boîte pleine d'affaires de Péhar qui flottait encore sur la rivière. Il envoya son assistant sur le bord de la rivière avec, comme instruction, de lui rapporter la boîte sans l'ouvrir. L'assistant fit ce que son maître lui avait demandé et, à sa grande surprise, il vit la boîte flottant dans la rivière tout près de lui et la tira au sec. Puis, il prit le chemin du retour mais s'arrêta pour se reposer au pied de la colline où se trouvait le

There are hundreds of oracles in Tibet, but the chief and foremost oracle in rank was that of Nechung. The history of this famous oracle goes back to the time of King Trisong Detsen in the eighth century. During that King's reign he invited Padma Sambhava, the great tantric teacher, to come from India. Upon his arrival he found that spirits of all levels were present in the country and had to be put in order before teaching could be taken up. He therefore, through his great divine power, suppressed or destroyed all evil spirits and sent useful spirits to various places to become protectors of the land. After having built the monastery of Samye, Padma Sambhava, through his divine powers of knowledge, called for an image of Lord Buddha made out of turquoise, which was lying in the temple of Patahar near the border of Sinkiang and Mongolia. The King sent his son for the image, and it was brought to Samye. Upon its arrival, Padma Sambhava found that a highly-placed spirit, namely Pehar, had followed the sacred image. He then decided to send the spirit to Ghung-Thand as the protector of that place. When fire broke out at the monastery of Ghung-Thand, its inmates lost faith in their protector, and a box full of belongings of the spirit was thrown into the Kyichu river.

The Khenpo, the head of the Deyang house of Drepung monastery knew through his divination that such an incident had occured at Ghung-Thand and that a box full of Pehar's belongings was floating on the river. He sent his attendant to the riverside instructing him that he should hold on to a box floating on the river and that without being opened, it should be brought to him. The attendant did what his master had instructed him to do, and to his surprise, he saw the box floating on the river near him and pulled it to safety. He then started his short journey; but he rested at the foot of the hill

monastère de Drepung. Ayant posé la boîte près de lui, il l'ouvrit par curiosité pour en examiner le contenu. Aussitôt, un chat noir en sortit et s'enfuit en direction de la colline où était édifié le monastère de Nechung. L'assistant referma la boîte immédiatement et se remit en route. Lorsqu'il entra dans la chambre du *khenpo*, ce dernier, par divination, sut ce qui était arrivé et avant que l'assistant ait pu prononcer un mot, le *khenpo* lui raconta ce qu'il avait fait et l'en excusa, lui demandant de lui rapporter la tête du cheval mort qui se trouvait au-delà du mur d'enceinte du monastère. L'assistant fut très surpris de la trouver et la rapporta au *khenpo* qui récita des prières. L'esprit de Péhar apparut alors devant lui. D'après la croyance, l'esprit demeura à cet endroit. Le *khenpo* demanda ensuite à l'esprit quels étaient ses besoins et il répondit qu'il avait besoin d'un endroit où demeurer. En tibétain, le mot «nechung» signifie «petit endroit».

where the Drepung monastery was situated. Having laid the box near him, out of more curiosity, he opened the box to examine it. As soon as the box was opened, a black cat jumped out and ran towards the hill where the present Nechung monastery is situated. He closed the box immediately and continued his journey. When he entered the Khenpo's room, the Khenpo, through his divination, knew what had happened. Before his attendant could speak a word, the Khenpo told him what he had done and excused him by instructing him to go and bring him the head of the dead horse which would be lying outside the boundary wall of the monastery. Surprisingly, he found it and brought it to the Khenpo. The Khenpo made prayers and the spirit of Pehar appeared before him. He then consecrated the spirit of Pehar to the wall of his room. It is believed that the spirit dwelled most of the time at that place. The Khenpo asked the spirit what his needs were and the spirit replied that he needed a small place to dwell in. The word "Nechung" in Tibetan language means "small place".

Lobsang Jigme, médium du Nechung, maintenant décédé, dans sa résidence privée.
(1948)

The late medium of Nechung, Lobsang Jigme, in his private residence.
(1948)

Le médium reste assis tandis que des moines psalmodient des prières pour invoquer les esprits du Nechung.
(1948)

The medium sits on a chair, while Monks chant prayers of invocation of the spirits of Nechung.
(1948)

Devant, les moines battent tambour, jouent de la trompette et d'autres instruments au cours de la cérémonie.
(1948)

Monks at the front beat drums, play trumpets and other instruments for the service.
(1948)

Cette lourde coiffure est posée sur sa tête au moment où l'esprit prend possession du médium.
(1948)

The heavy head-dress is placed on his head when the spirit begins to possess the medium.
(1948)

On resserre la mentonnière une fois le médium possédé par l'esprit.
(1948)

The chin strap is tightened firmly after the spirit has entered the medium.
(1948)

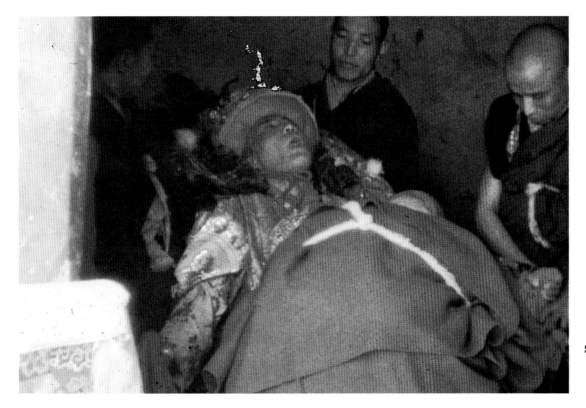

Le médium tombe en arrière, il respire lourdement et entre dans des spasmes incontrôlables. Il est maintenu par quelques uns des participants.
(1948)

The medium falls back desperately, heavily breathing into uncontrollable convulsions. He is supported from the back by a group of attendants.
(1948)

Il se redresse d'un coup, totalement possédé par l'esprit.
(1948)

He springs up rapidely after being fully possessed by the spirit.
(1948)

Lobsang Jigme en compagnie de ses assistants.
(1948)

Lobsang Jigme with some of his assistants.
(1948)

Robes Traditionnelles ▪ Traditional Robes

Ces robes de brocart étaient portées par les officiels du gouvernement tibétain lors de diverses cérémonies. Les officiers qui participaient à une cérémonie se devaient de porter des robes dont les motifs étaient fonction de la tradition et des ordres du gouvernement. Avant chaque fête, qu'elle soit religieuse ou non, le gouvernement annonçait les types de robes qui devaient être portées lors des différentes célébrations. Ces brocarts venaient de Chine, de Russie, du Japon ou de l'Inde. Les brocarts anciens étaient fort rares, surtout ceux de Chine ou de Russie. Les Tibétains utilisaient le brocart en de nombreuses occasions comme les fêtes traditionnelles, mais aussi célébrations religieuses ou autres.

Tson-trah,

ou «couleurs assorties». Il existait de nombreux motifs différents.

meaning assorted colours. Can be found in many different designs.

Gyen-Shi,

ou «quatre motifs». La robe était toujours ourlée d'un arc-en-ciel de couleurs.

meaning four designs, always bore rainbow-like colours at the hem.

These robes made of brocade were attired by Tibetan Government officials on various ceremonial occasions. It was compulsory for the officers taking part in the ceremony to wear different robes with different designs according to the traditional custom and rules of the Government. Before each festival, either religious or otherwise, the Government issued notices for the kind of robes to be worn on that particular ceremony. These brocades were from China, Russia, Japan and from India. Old brocades were very rare, especially that had come from China and Russia. Tibetans used brocades in many ways; not only for customs, but for religious and many other purposes.

De gauche à droite/left to right: le jeune/Junior S. T. Y. D. Ragashar, Melle/Miss Y. D. Ragashar, Mme/Mrs P. B. Ragashar, M/Mr R.P. Ragashar.

A chaque cérémonie, de la farine d'orge, du blé, et du *chang* (la bière locale) étaient offert aux participants en signe de bonheur et de prospérité.
On every ceremony, barley flour, wheat and "chang" (the local beer) were offered to the participants as a symbol of happiness and prosperity.

De gauche à droite/left to right: Sang-Gye Dekyi, maharani du Sikkim (décédée)/the late Maharani of Sikkim; Yangchen Tsarong, femme de l'auteur/the author's wife; et/and Kula Namgyal, princesse du Sikkim(décédée)/ the late Princess of Sikkim.

Les Chinois ▦ The Chinese

Les officiers tibétains et chinois en train de hisser le drapeau à cinq étoiles. La présence de ces troupes permit aux Chinois de reprendre le contrôle de la situation car il y avait une opposition clandestine très active à l'époque. Deux Premiers Ministres furent même arrêtés ainsi que quelques chefs clandestins. (1952)

The five-star flag raised jointly by Tibetan and Chinese officers. The presence of this force brought the situation under control again, as there was strong active underground opposition to the Chinese rule at the time. Two Prime Ministers were arrested with several underground leaders. (1952)

Inspection des troupes par des officiers chinois et des ministres tibétains sous le drapeau national du Tibet. (1952)

Inspection of the troops by Chinese officers and Tibetan ministers, under the Tibetan national flag. (1952)

Population

On brûle de l'encens, on hisse des drapeaux de prière pour apaiser les déités, afin de bénéficier de leur bénédiction et on récite des prières pour que la paix et la prospérité règnent dans le pays.

Burning of incense and hoisting prayer flags to appease the deities in order to receive blessings. Prayers being performed for the peace and prosperity of the land.

Préparation de la laine avant le tissage. Avant 1950, les hautes terres du nord produisaient une belle quantité de laine qui était exportée vers les Etats-Unis, via l'Inde, pour la fabrication de tapis. Le Tibet central produisait une laine plus fine et plus douce, mais en moins grande quantité et on l'utilisait uniquement sur place.

Preparing wool for weaving. Prior to 1950, a large quantity of wool was produced by the northern highlands and was exported to the U.S.A. via India for manufacturing carpets. Fine soft wool was produced in central Tibet in small quantities, that was consumed domestically.

Cet homme est un *ngag-pa*. Il a le pouvoir de guérir et d'autres, plus mystiques, comme celui d'éloigner la pluie. Il en fait ici la démonstration en pointant son poignard magique vers le ciel. Les *ngag-pa* pratiquaient des rites religieux secrets et cherchaient à entrer en contact avec les forces surnaturelles grâce à l'extase spirituelle.

He is called "Ngag-pa" and practises healing and has mystic powers, such as that of warding off rain storms. Generally, a "Ngag-pa" practises secret religious rites and seeks to have contact with supernatural power by way of spiritual ecstasy. Here he is seen pointing his magic dagger towards the sky to ward off a rain storm.

Les voyageurs se rendaient souvent de Lhassa à Chushul en bateau, sur la Kyichu. Le trajet était d'environ 60 kilomètres et on pouvait l'effectuer en une seule journée, alors qu'il fallait deux jours à dos de poney.

Travellers often took a boat ride from Lhasa to Chushul on the Kyichu River. The trip was about 37 miles and could be covered in one day instead of riding ponies for two days.

L'étoffe fabriquée par les tisserands était de très bonne qualité, mais les anciens métiers à tisser ne permettaient pas d'obtenir une plus grande largeur.

The weavers produced very fine quality material but the old-fashioned looms did not allow more width for the woven cloth.

Commerce
T r a d e

A l'étranger, les Tibétains étaient généralement connus comme des fermiers et des nomades, mais c'étaient également d'excellents hommes d'affaires, capables d'endurer de grandes épreuves et qui vivaient du commerce. Les anciennes routes commerciales partaient dans de nombreuses directions : vers le Népal et l'Inde (au sud), vers le Ladakh (à l'ouest), vers la Chine et la Mongolie (à l'est) et vers le Bhoutan (au sud-est). Le commerce avec l'Inde se développa progressivement après le traité commercial signé entre l'Inde britannique et le Tibet, à Simla, en 1814. La plupart des routes commerciales traversant le Népal s'arrêtaient au Sikkim aux cols de Jelep La et Nathu La. En raison d'un tracé plus court, elles avaient été ouvertes par l'expédition britannique de 1904 lors de son entrée au Tibet. Leur état avait été amélioré à partir de la frontière entre le Tibet et le Sikkim. De la fin des années trente au début des années quarante, et spécialement au cours de la seconde guerre mondiale, le volume des affaires augmenta brusquement .

En 1943, une grande caravane de chameaux arriva à Lhassa pour transporter des marchandises vers la Chine. Les Japonais ayant coupé la route de Birmanie par laquelle la Chine s'approvisionnait, les gouvernements alliés se rapprochèrent du gouvernement tibétain pour qu'il autorise le transit par le Tibet. Les Etats-Unis d'Amérique envoyèrent deux émissaires au Tibet pour inspecter les routes. Ceux-ci étaient également porteurs des salutations du président au Dalaï Lama. Le gouvernement accepta finalement que les routes tibétaines soient ouvertes aux Chinois, à la stricte condition que les marchandises transportées ne soient pas militaires. Par la suite, de nombreux marchands chinois passèrent par le Tibet avec de grandes quantités de marchandises à destination de l'Inde. Les Tibétains

Tibetans were generally known as farmers and nomads in the outside world, but they were also good businessmen. They could endure great hardships in the course of their trading and make a living in business. The ancient trade routes run in many directions through Nepal and India, through western Tibet as far as Ladakh, through eastern Tibet into China and Mongolia and from the southern part of Tibet into Bhutan. The trade with India developed gradually after the treaty of trade regulation signed between British India and Tibet at Simla in 1914. Most of the trade routes that go through Nepal were switched to Sikkim over the Jelep La and Nathu La passes because of the shorter distance. They had been opened up by the British Expedition in 1904, which had entered Tibet through these two routes. The road conditions being kept on improved from the Sikkim border. By the late 1930's and at the beginning of 1940, the volume of trade picked up dramatically, especially during World War II.

In 1943, a large caravan of camels arrived in Lhasa to carry goods to China. When the Japanese cut off the supply routes to China by the Burma road, the allied governments approached the then Tibet government to allow supply routes to China through Tibet. The United States of America sent two emissaries to Tibet to inspect the routes and also to bring greetings from the President of the United States of America to the Dalai Lama of Tibet. The Government of Tibet eventually agreed to the use of the routes to China provided they were strictly limited to non-military supplies. Thereafter, many Chinese merchants came to Tibet through India bringing with them large quantities of goods for China. Tibetan owners of mules and other animals took on this hazardous task, for they were earning handsome transport fares. Camels were not seen in large numbers in

propriétaires de mules et autres bêtes de somme se risquèrent à leur proposer de l'aide car c'était un bon moyen pour eux de gagner de l'argent. A cette époque, les chameaux étaient très peu connus au Tibet mais avec le développement florissant du commerce, de grandes caravanes de chameaux arrivèrent à Lhassa depuis Sining dans la province du Qinhgaï. Les marchands et les hommes d'affaires tibétains se joignirent également à cette aventure. Nombreux sont ceux qui firent ainsi fortune mais beaucoup d'entre eux perdirent tout lors de l'effondrement de la monnaie chinoise. Après que les communistes chinois eurent pris le pouvoir au Tibet, le commerce entre l'Inde et le Tibet connut de nouveau un bel essor. Cette fois-ci, les besoins en marchandises étaient plus importants. Ces importations incluaient des montres, des stylos-plume, des caméras, des appareils photographiques, des vélos, du matériel électrique, des matériaux de construction et même un certain nombre de Jeep et de camions. Progressivement, le commerce se développa jusqu'à la prise de contrôle par les Chinois de tout le Tibet en 1959 où il s'interrompit totalement. Traditionnellement, les principales exportations du Tibet vers l'Inde étaient la laine, la fourrure, les queues de yaks, le borax, etc. Ces exportations rapportaient assez de devises étrangères pour payer les importations, plus particulièrement pendant la deuxième guerre mondiale, lorsque les marchands chinois venaient à Lhassa pour expédier leurs marchandises vers la Chine. En effet, les frais de transport étaient payés en monnaie indienne, ce qui permit aux hommes d'affaires tibétains d'accumuler une grande quantité de devises.

Le Tibet importait beaucoup : du riz, de la farine, du thé, du sucre, des épices, des cigarettes, de la peinture, du verre, des fruits séchés, des ustensiles en aluminium, des étoffes et des tissus de laine, du coton, de la soie…

those days, but now, with the trade flourishing, large caravans of camels were brought to Lhasa from Sining (Chinghai province). Tibetan merchants and business people also joined in the venture.

Many people made fortunes and many eventually lost everything in the business, when the Chinese currency was depreciated to its lowest. After the Chinese Communist came into power in Tibet, the trade between India and Tibet picked up again. That time, the requirement of commodities was more extensive than usual. The imports included watches, fountain-pens, cameras, cycles, electrical goods, building materials and even a number of jeeps and trucks. The business gradually decreased till it totally stopped when the Chinese took full control of Tibet in 1959. Traditionally, Tibet's main exports to India were wool, fur, yak's tails, borax etc. This brought in more than enough foreign currencies to pay for the imports, especially during the Second World War, when the Chinese merchants came to Lhasa to handle the despatching of their supply goods to China. They exchanged large amounts of Indian currency for the transport fares of their goods; thereby, a large amount of Indian currency was accumulated by the Tibetan business people.

Tibet's imports from India were numerous; to mention a few: rice, flour, tea, sugar, spices, cigarettes, paint, glasses, dried fruit, aluminium utensils, wool, cotton and silk materials.

The trade route to China and Mongolia on the northern plateau was open only during the summer months. Traders made this three-month journey once a year and usually the return trip was made the next year. A few lucky people were able to exchange their commodities soon, and if they worked fast enough, they were able to join the same group who was returning to Lhasa. This was hard, they had to

Sur le plateau septentrional, la route commerciale en direction de la Chine et de la Mongolie était ouverte seulement pendant les mois d'été. Les commerçants effectuaient le voyage de trois mois une fois par an et, habituellement, le retour avait lieu l'année suivante. Quelques-uns, ayant la chance d'échanger rapidement leurs marchandises, pouvaient se joindre au groupe qui s'en retournait à Lhassa. Mais cela était dur et faute de ne pouvoir attraper le dernier groupe de l'année, ils étaient obligés de passer l'hiver sur place. Les commerçants se regroupaient en caravanes pour éviter les attaques des bandits.

Ils emportaient avec eux les grandes quantités de denrées alimentaires, les tentes et les autres équipements que nécessitait un si long voyage, car les plaines septentrionales étaient totalement désertes. Bien que le voyage fût long, les commerçants ne se pressaient pas, montant leur camp à la mi-journée. Les animaux paissaient librement alors que leurs maîtres s'occupaient à jouer ou à tirer sur des cibles. La chasse était interdite au Tibet mais quelques-uns s'y adonnaient, cherchant à tuer le grand yack mâle sauvage, énorme et souvent très dangereux. Pour tuer cet animal, il fallait plusieurs hommes armés tirant sous différents angles. On ne mangeait pas sa viande, mais ses cornes et son cœur présentaient de la valeur ; en effet, le cœur était utilisé dans la préparation de remèdes pour le traitement des affections cardiaques.

Les musulmans chinois des villes frontières du Sining, province du Qinhgaï, se rendaient tous les ans à Lhassa. Ils apportaient du thé, le fameux vinaigre du Sining, quelques fusils, des pistolets, des chevaux et des mules. Le Tibet entretenait aussi des relations commerciales avec le Népal et le Bouthan. Comme la frontière avec le Népal se trouve loin du Tibet central, peu de produits népalais arrivaient à

catch the year's last returning group. Traders made arrangements to group themselves in large formations so as to avoid the danger of being attacked by bandits.

Travellers took large amounts of food, tents and other requirements for the long journey, as there were no houses or towns to be seen on the northern plains. Though the journey was long, the travellers took it easily by making their camps by mid-day. Their animals were loosed and sent for grazing while they spent their time in games and target-shooting. Game-shooting was prohibited in Tibet, but some do it, looking for the great wild male yak, which is enormous in size and often dangerous to kill. It took several riflemen to kill a wild male yak by shooting from different angles to deceive the animal. Its meat was not eaten, but the horns and the hearts were valuable. The heart of a wild yak was used for the preparation of heart medicine.

Chinese muslims from the border town of Sining (Chinghai province) visited Lhasa annually. They brought brick tea, some famous Sining vinegar, small quantities of rifles, pistols, horses and mules. Tibet also had trade relations with Nepal and Bhutan. As the Nepal border was far away from central Tibet, its products did not reach Lhasa in large quantities, though the border trading was very active. Tibet's main exports were sheep, wool and salt. Its imports were rice, dried fruit and molasses.

Trading with Bhutan was much the same as in ancient times. Commodities were exchanged through barter system mostly. They brought into Tibet raw hand-woven silk materials, bamboo baskets and containers, red pepper etc. These were exchanged for hand-woven woollen materials, salt and other commodities. The Bhutanese are very religious people. One of their main objects in visiting Lhasa was to offer prayers to the image of Lord Buddha in the central cathedral, the Jo-Khang. Every Buddhist visitor who

Lhassa bien que le commerce frontalier fût très actif. Les principales exportations du Tibet étaient les moutons, la laine et le sel.

Le commerce avec le Bouthan se déroulait presque comme dans l'ancien temps, selon le système du troc. Les Bouthanais apportaient au Tibet de la soie sauvage tissée à la main, des paniers et des récipients en bambou, du poivre rouge, etc. Ces marchandises étaient échangées contre des pièces d'étoffe de laine tissées à la main, du sel et d'autres fournitures. Les Bouthanais, très croyants, comme la plupart des visiteurs bouddhistes, n'auraient jamais manqué de prier devant la statue du seigneur Bouddha qui se trouve dans la cathédrale centrale, le Jo-Khang, haut lieu de pèlerinage.

came to Lhasa would not miss the opportunity of being able to visit this sacred shrine.

Chameaux qui, après avoir transporté les marchandises essentielles à travers les *strenches* du haut plateau en provenance du Sining, sont conduits sur les berges de la rivière Tsangpo pour s' abreuver. (1943)

Camels, which have crossed the vast strenches of high plateau from Sining loaded with essential goods, being led to the Tsangpo river bank for water. (1943)

Chargement des chameaux le jour de leur départ. (1943)

Loading the camels on the day of their departure. (1943)

En route pour un long et dur voyage de Lhassa
au Sining, province du
Qinhgaï, située à la frontière chinoise.
(1943)

Starting their long and hard journey from
Lhasa to Sining, a province of Qinhgaï on the
Chinese border.
(1943)

Escorte de Sa Sainteté le Dalaï Lama dans les
plaines de Phari.
(1950)

Escort of His Holiness the Dalai Lama on the
plains of Phari.
(1950)

Les plaines de Tuna sur la route commerciale
principale vers l'Inde, avec le mont Chomo
Lhari à
l'arrière-plan.
(1950)

The plains of Tuna on the main trade route to
India with Mount Chomo Lhari in the
background.
(1950)

Caravaniers des plaines
septentrionales du Tibet.
(1943-1944)

Caravan men from the
northern plains of Tibet.
(1943-1944)

L'armée tibétaine
The Tibetan Army

Personnages officiels
de haut rang à cheval,
vêtus de costumes que
l'on ne voyait que
rarement.
Nous ne les avons vu
que deux fois: lors de
l'arrivée du
quatorzième Dalaï
Lama et , ensuite, lors
de son entrée au
grand centre
d'enseignement du
monastère de
Drepung.
(1939)

Senior officials riding
in procession dressed
in costumes that were
not to be seen
commonly. We only
witnessed it on two
occasions : first on the
arrival of the 14th
Dalai Lama, and then
when he entered the
Great Learning Center
at the Drepung
Monastery.
(1939)

La modernisation de l'armée tibétaine n'eut lieu qu'après 1912, lorsque les troupes d'occupation chinoises essuyèrent une défaite et furent renvoyées en Chine via l'Inde. Ceci permit au treizième Dalaï Lama de rentrer dans son pays après deux ans et demi d'exil en Inde. Exilé une première fois en Mongolie puis en Chine lorsque l'expédition britannique arriva au Tibet en 1904, et une seconde fois en Inde, en 1909, lorsque les Chinois atteignirent Lhassa, le Dalaï Lama avait acquis une expérience qui le poussa à agir pour la sécurité de son pays. Peu de temps avant son arrivée, il décida d'instaurer une forte armée pour défendre le pays des menaces extérieures. Il nomma Dasang Dadul Tsarong commandant en chef de l'armée car il était son homme de confiance et avait permis la fuite sans encombre du Dalaï Lama et de ses ministres : il avait opposé une forte résistance à une armée de poursuivants chinois de 300 cavaliers à Chaksam, point de départ du bac. Dasang Dadul Tsarong possédait quelques rudiments de tactique militaire russe, acquis lorsque le Dalaï Lama séjournait en Mongolie, ainsi que de tactique militaire britannique acquis à Lebong et Darjeeling, en Inde. Le Dalaï Lama décida que le recrutement se ferait progressivement pour arriver à une armée fixée initialement à 6 000 hommes. L'entraînement des hommes posa les premiers problèmes, et des mesures durent être prises. Le gouvernement s'entendit avec le fort britannique de Gyantsé, ville située à six jours de cheval de Lhassa. Cette force britannique avait pour tâche de garder la route commerciale comme convenu lors du traité signé à Lhassa en 1904. Ces hommes et officiers étaient là pour entraîner les soldats qui devaient rester après leur départ. Dans le même temps, un ancien de l'armée japonaise, Yashi-ma, fut recruté pour entraîner un autre groupe d'hommes à des

The modernization of the Tibetan army took place only after 1912, when the Chinese occupation force was defeated and sent back to China through India. This enabled the 13th Dalai Lama to return to his country after two and half years of exile in India. With the past experience of years of exile, first in Mongolia and China when the British Expedition came to Tibet in 1904, and the second time in India when the Chinese forces arrived in Lhasa in 1909, the Dalai Lama thought that something had to be done for the security of the country.

Not long after his arrival, he was determined to build a strong army to defend the country from any outside threat. He appointed Dasang Dadul Tsarong as the Commander-in-Chief of the army, since he was the trusted man who had made it possible for the Dalai Lama and his ministers to flee to safety in India by putting up a strong resistance to the Chinese pursuing force of 300 cavalry at the Chaksam ferry. Dasang Dadul Tsarong had had some training in Russian military tactics while the Dalai Lama remained in Mongolia during his exile, and he had also trained at the British army headquarters at Lebong, Darjeeling, during the Dalai Lama's stay there in exile.

The Dalai Lama decided that the recruitment for the army should be done gradually to build an initial force of six thousand men. Early difficulties were the training of the men, and the methods to be taken. The Government had made arrangements with the British fort at Gyantse to train two officers with fifty soldiers. There were seventy-five Indian soldiers under the command of two British officers at Gyantse, which is a six-day horse-back journey from Lhasa. This was a British force to guard the trade route as agreed under the treaty obligations signed in 1904 at Lhasa. These officers and men were intended to be used for

manœuvres propres à l'armée japonaise. Un troisième groupe, dirigé par un Mongol nommé Ten-Paï Gyaltsen, fut entraîné à la méthode russe. Après avoir inspecté les différentes troupes, le Dalaï Lama décida qu'elles seraient entraînées selon les méthodes anglaises.

L'augmentation du nombre d'hommes de troupes causa des problèmes financiers bien que l'on payât ces hommes en grain en plus de leur solde en argent. Puis se posa le même problème en ce qui concernait les armes. Les revenus du gouvernement ne couvraient pas toutes les dépenses que représentait l'armée, aussi le Dalaï Lama fit-il appel à l'assemblée nationale pour discuter de revenus supplémentaires. Il n'existait pas d'autre solution que de taxer les propriétés détenues par les monastères, y compris celles appartenant au panchen lama dans la province du Tsang, ainsi que celles des familles nobles et des gros propriétaires fonciers.

Au cours d'un long débat à l'Assemblée, malgré l'opposition tenace des monastères et la réaction négative de la population, la proposition fut adoptée.

Le Dalaï Lama envoya plusieurs officiers subir un entraînement militaire à Shilong, Quetta et Darjeeling, mais bien plus nombreux furent ceux qui partirent pour le fort militaire britannique de Gyantsé. Des revolvers, des fusils de montagnes, des carabines, des mitrailleuses et d'autres armes encore furent importés d'Inde à différentes périodes. Les troupes furent ainsi bien entraînées et disciplinées. Une force de police fut également créée au Tibet sur avis de M. Laden La, chef de la police de Darjeeling. En récompense de ses services, le Dalaï Lama lui octroya le titre tibétain de *dzasak*. En 1923, la petite armée forte d'environ 12 000 hommes et officiers était prête à servir la défense nationale. En 1924, le commandant en chef Dasang Dadul Tsarong fut relevé de ses fonctions. La raison invoquée était que, le

training others when they returned. Meanwhile, a Japanese ex-army man named Yashi-ma was employed to train another group of men at Lhasa in Japanese army drills. The third group was trained by a Mongolian named Ten-pai Gyaltsen who trained his men in the Russian method. The Dalai Lama inspected the different groups, and decided to have the troops trained in British drills. Hence, all recruits were trained in this system.

The number of troops gradually increased but the problem of meeting the expenditures arose, though the troops were paid in grain in addition to cash payment. Then the question of arms also had to be considered. The Government revenue did not cover all the expenditures needed by the army, so His Holiness called the National Assembly to discuss the extra revenue. There was no alternative but to tax the estates held by the monasteries, including the Panchen Lama's estates in the Tsang province, and the estates of the noble families. The new tax was also to be imposed on some others who held large estates.

In the Assembly meeting, it was decided to tax the large estate-holders, in a lengthy debate, during which the opposition put up strong resistance to the plan, especially the representatives of the monasteries, who were always entitled to seats in the National Assembly. Progress was made slowly, in accordance with the plan but the general reaction of the people with backing from the monasteries, was very strong opposition.

The Dalai Lama sent several officers for military training to Shilong, Quetta, and Darjeeling, and many more were trained at the British military fort at Gyantse. Mountain guns, rifles, machine guns, and other weapons were imported from India at various times. The troops were well trained and disciplined. A police force was also introduced on the advice of Mr. Laden La, from Darjeeling, who was

Tibet en paix n'avait pas besoin qu'on entretienne un bureau de défense nationale, mais en fait les véritables raisons étaient naturellement les mauvais sentiments nourris à l'égard du pouvoir militaire, considéré comme nuisible à la religion, la jalousie et les intrigues de la noblesse conservatrice qui soupçonnait la force militaire de vouloir réduire son pouvoir. M. Hugh Richardson, dans son livre *Tibet and its Story* dit : «Les monastères de Lhassa abritant environ 20 000 moines étaient l'instrument de domination le plus puissant de l'administration. Chaque monastère avait à sa disposition quelques moines solides mais pas forcément éduqués qui formaient un genre d'armée monastique et qui ne voyaient pas d'un bon œil le développement d'une armée laïque, comprenant des officiers de la noblesse pouvant neutraliser leur influence. Cette menace contre la suprématie monastique explique la réaction contre les innovations et il est démontré que le Dalaï Lama, bien qu'au sommet et maître du système, en était également la créature. Un Dalaï Lama, si autocratique qu'il fût, pouvait-il ignorer la pression déterminée du corps général des moines ?» Peu de temps après, tous les officiers furent destitués de leur poste et on leur donna d'autres emplois. Par la suite, on laissa l'armée se désagréger. La détermination du Dalaï Lama à construire une armée forte pour son pays ne porta que peu de fruits et il en fut très déçu. Finalement, lorsqu'il se rendit compte de la jalousie, des intrigues et de l'ignorance des dirigeants, que ce soit au gouvernement ou dans les monastères, il en fut chagriné.

Il fut si contrarié que l'oracle du Nechung y vit la nécessité d'une prière de longue vie *(tshenshu-shabten).* Tous les membres du Kashag et d'autres personnes se rendirent auprès du Dalaï Lama et lui demandèrent avec ferveur son absolution et son pardon pour ne pas l'avoir servi selon ses vœux. Cette prière de longue vie fut ainsi offerte au Dalaï

the head of the police there. For his services, the Dalai Lama gave him the Tibetan title of Dzasak. By 1923, the small army of about twelve thousand men and officers were fit to serve for the national defence.

In 1924, an unfortunate event took place. The Commander-in-Chief, Dasang Dadul Tsarong, who happened to be my father, was removed from his post. The reason given was hat Tibet was now at peace, and there was not much work in the Defence Office. The main reason was, naturally, ill-feeling against the military power, which was thought to be harmful to religion; jealousy and intrigues by the conservative nobility, for they suspected the might of the military would eventually reduce their power. Mr. Hugh Richardson, in his book, "Tibet and his story", says, "The three monasteries of Lhasa, housing between them some 20,000 monks, were the most powerful instrument for dominating the administration. Each of them had a proportion of sturdy, not very highly educated monks,who were maintained more or less as monastic army, and it was unwelcome development that a lay army with noble commanders could neutralize their influence. That threat to monastic supremacy was their key to the reaction against innovations and it showed that the Dalai Lama, although the summit and master of the system, was also its creature. No Dalai Lama, however autocratic, could possibly ignore the determined pressure from the general body of the monks". Shortly after, all trained officers were removed from their posts and given some other employment. Thereafter, the army was allowed to deteriorate to a low standard. The Dalai Lama, as his determination to build a strong army for his land bore little fruit, was disappointed. Eventually, when he realised the jealousy, intrigues, and ignorance of his leading people in the government and in the monasteries, he felt very much frustrated.

Lama. Ceci fut le point d'orgue de son dernier testament, dans lequel il met l'accent sur l'absolue nécessité d'une armée bien équipée, bien entraînée, présente sur toutes les frontières et sur l'obligation pour tous les officiels d'exercer leur charge dans un esprit de totale coopération et sans rancune, ni intrigue ni désir d'enrichissement personnel. Comme s'il avait prévu que tout pourrait s'effondrer sans une défense forte.

Cependant, le Dalaï Lama ne renonça jamais à construire une force défensive pour son pays. Il fit édifier le nouvel hôtel des Monnaies à Drapchi et les cantonnements militaires qui y étaient rattachés. Le Dalaï Lama nomma son nouveau favori Khunphaïl La et son ex-commandant en chef Dasang Dadul Tsarong pour contrôler l'hôtel des Monnaies. Tashi Dondup Yuthog et Jigme Taring, ainsi qu'un grand nombre d'hommes de troupes sélectionné dans le corps des gardes, furent envoyés pour s'entraîner à Gyantsé. A leur retour, Tashi Dondup Yuthog et Jigme Taring furent nommés commandants du nouveau régiment de l'hôtel des Monnaies. De nouveaux hommes furent recrutés dans les familles aisées. Des instructeurs supplémentaires pour l'exercice et la musique furent également choisis dans le régiment des corps de garde. Ils reçurent un entraînement complet. Le Dalaï Lama visita également le nouvel hôtel des Monnaies du gouvernement et inspecta les troupes. L'espoir de construire une force défensive reprit vigueur, mais la malchance s'abattit sur le peuple tibétain lors du décès de Sa Sainteté en 1933. Toute la nation fut choquée et pleura le décès de son précieux protecteur. Aussitôt, les troupes du nouveau bataillon furent envoyées d'urgence au palais du Norbu Lingka et la démobilisation des troupes fut exigée. Les troupes ne retournèrent jamais à leur cantonnement et, peu de temps après, le régiment fut dissous. Tout cela retarda l'édification d'une réelle défense nationale qui ne fut

He was so frustrated and upset that the Nechung oracle saw a need for a long-life prayer (Tendhug Shabten). All the members of the Kashag and others went before the Dalai Lama and fervently appealed for his absolvence and his pardon if they had not served him according to his wishes. A long life prayer was offered to His Holiness. This culminated in Dalai Lama's last testament where he stressed very strongly the need for a well-trained and well-equiped army at all border areas and need of all officials to devote their duties with full corporation with long range of goals in mind without personal grudge, self-fulfilment and intrigues. As if to say that this is what had happened, and if this continued (without strong defence) everything would collapse.

However, the Dalai Lama never lost his determination to build a defence force for his country. He built the new mint at Drapchi with military barracks attached to it to guard the mint. The Dalai Lama appointed his new favourite Kunphail La and his old favourite and ex-Commander-in-Chief, Dasang Dadul Tsarong to the control of the mint. Tashi Dondup Yuthog and Jigme Taring together with a large number of troops selected from the bodyguard regiment, were sent for training to the British military establishment at Gyantse. On their return Tashi Dondup Yuthog and Jigme Taring were appointed commanders of the new regiment at the mint. New recruits were called in from among some of the well-to-do families. Additional drill and band instructors were called for from the bodyguard regiment. They were well trained in the use of their equipment. The Dalai Lama also visited the new Government mint and inspected the troops as well. His cherished hope of rebuilding the defence force had once again begun but ill-luck stroke the Tibetan people with the passing away of His Holiness. This was in the year 1933, the whole nation was shocked and mourned its

jamais correctement restaurée jusqu'à ce que les Chinois envahissent le Tibet en 1950.

Si les forces conservatrices n'avaient pas empêché le Dalaï Lama de continuer son programme, le Tibet aurait pu contrer l'invasion chinoise. Quelle que petite que fût sa force de défense, le Tibet aurait ainsi pu être sauvé partiellement grâce à celle-ci et à ses défenses naturelles : son terrain accidenté et ses innombrables cols de haute montagne. Un précieux temps aurait été gagné ce qui aurait permis de bien faire comprendre aux nations du monde la situation du Tibet. Malheureusement, lorsque l'armée d'invasion se mit en marche il n'y eut que peu de résistance à la frontière, et le fort de Chambo tomba sans avoir tiré un seul coup de feu. Il est regrettable de constater que le dernier testament du treizième Dalaï Lama ait prit alors toute sa dimension.

Precious Protector. Within a short period, the troops of the new battalion had rushed to Norbu Lingka Palace, and forcefully asked for the demobilization of the troops. The troops never returned to the barracks and shortly after, the regiment was dissolved. This brought a further set-back for the defence and it was never recovered properly till the end, when the Chinese invaded Tibet in 1950.

Had the conservative forces not obstructed the Dalai Lama for his continuation of the programme, Tibet would have been saved from the Chinese invasion. How small its defence force may have been, Tibet could have been saved partly by its natural defence of hazardous terrain and countless high mountain passes. At least, a lot of time could have been saved, which would have made the nations of the world understand Tibet's position properly. Unfortunately, when the invading army marched, there was little resistance in some areas of the border, and the strong fort of Chambo fell without firing a single shot. It is regrettable to note that the last Testament of the 13th Dalai Lama became true.

Assis de gauche à droite/Sitting left to right : Neshar Tsedon, Depon Doring, Meru Tah Lama, Depon Drumpa, Dzasak Horkhang, Debout/Standing : Depon Shasur au centre de serviteurs et d'hommes de la sécurité/ Depon

Tsarong Sha-pe Dasang Dadul, Sha-pe Kunsang Tse, Depon Gajang Tenpa, Sha-pe Ngapo, Depon Tethong, Narkyi, Trhaing Dong Letsenpa.
Shasur in the middle, and other people (security men and servants). Photo de/by D.D. Tsarong (1922).

Debout de gauche à droite/Standing left to right: Depon Salungpa, un artilleur inconnu/an unknown artillery soldier, Depon Sampho, lieutenant Tadin, Depon Dinghaja Gyaltsen, major Tsering, lieutenant Phurphu Dhondup. (artillerie/artillery)

Assis de gauche à droite/Sitting left to right: Trhaing Dong Letsen (secrétaire à la Défense/Defense Secretary), commandant en chef/Commander in Chief Dasang Dadul Tsarong, Depon Ngelungpa.

Assis par terre/in the foreground: Depon Tsogwa, Depon Surkhang et/and Depon Drumpa. (gardes/guards) (1922)

Assis de gauche à droite/
Sitting left to right :
Depon Salungpa, Depon Drumpa, Depon
Doring, Depon Sampho Sey, Depon Tethongpa.

Debout/Standing :
commandant en chef/Commander in Chief
Dasang Dadul Tsarong.
(1921)

Commandants du régiment nouvellement
formé de Dong Dak, de gauche à droite/
Commanders of the newly-formed regiment of
Dong Dak,
left to right:
S. W. Taring et/and Tashi Dhondup Yuthog.
(Photo de/by Spencer Chapman)
(1932)

Différents régiments
de l'armée tibétaine
vers la fin
de 1940.

Troops from various
regiments of the
Tibetan army at the
end of 1940.

Au fond, le célèbre collège ancien de médecine de Chakpori, devant lequel des troupes chinoises font étalage de leur puissance. Le collège fut très endommagé par les bombardements chinois au cours de la révolte de 1959 puis totalement détruit lors de la révolution culturelle.
(1952)

Chakpori, the famous and ancient medical college in the background. Chinese troops in the forefront are displaying their might. The medical college was partially destroyed by Chinese bombardment during the 1959 revolt and final destruction was brought by the Cultural Revolution.
(1952)

Les ministres du cabinet de Gouvernement tibétain devaient également assister à l'inspection des troupes, ce qui n'avait jamais eu lieu auparavant. C'était donc pour eux quelque chose de tout à fait inhabituel.
(1952)

The cabinet ministers of the Tibetan Government were also taken around to inspect the troops. There was no such precedence of inspecting troops by the cabinet ministers. This was something peculiar and new to them.
(1952)

Les gardes du corps de Sa Sainteté le Dalaï Lama étaient également présents à la parade, encore vêtus de leur uniforme britannique.
(1952)

His Holiness the Dalai Lama's palace bodyguards were also present on the parade day and they were still in their British uniform.
(1952)

Soldats, avec le palais du Potala à l'arrière-plan.

Troops assembled in large number with the Potala Palace in the background.

A l'arrière-plan, derrière les troupes, le palais du Potala et le collège de médecine.

Troops with Potala Palace and the Medical College in the background.

Ce jour-là, la force de police militaire chinoise était largement déployée.
(Même légende pour la photo suivante)

Chinese military police force was deployed in large number on that day.
(Same caption for the next photo)

Les gardes du corps du Dalaï Lama
attendant les bénédictions de Sa
Sainteté à Lhassa.
(1952)

The Dalai Lama's bodyguards awaiting
His Holiness's blessings at Lhasa.
(1952)

Le régiment
«Kha Dhang»
s'essayant au tir
au canon.

Troops of the «Kha
Dhang» regiment
demonstrating their
mountain guns.

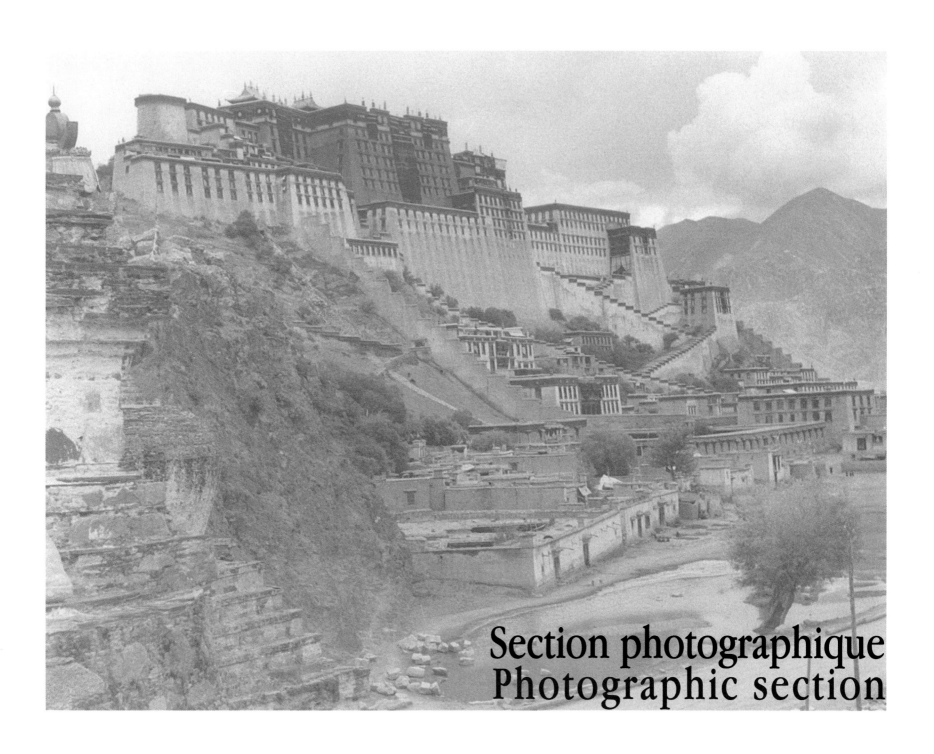

Section photographique
Photographic section

Monastère de Drepung. Considéré comme le plus grand monastère du Tibet, il fut construit en 1416 par Jamyang Choejey. Ce monastère comprenait quatre grandes universités nommées respectivement Gomang, Losel Ling, Deyang et Ngagpa Dratsang. Ces universités furent plus tard divisées en 27 foyers. Le monastère de Drepung hébergeait officiellement 7 700 moines, mais on en comptait souvent de 1 000 à 1 500 de plus. (1940)

Drepung Monastery : considered the largest monastery in Tibet, it was built in the year 1416 A.D. by Jamyang Choejey. The monastery had four major colleges, namely Gomang, Losel Ling, Deyang and Ngagpa Dratsang. These colleges were further divided into 27 hostels. Drepung Monastery had 7,700 monks according to the official figure, but normally it exceeded this number by about 1,000 to 1,500 monks. (1940)

Monastère de Sera, situé au nord de la ville de Lhassa. Il fut construit au cours de l'année 1490 par Jhamchen Choeje. Il possédait trois universités nommées Sera Jhe, Sera Mey et Sera Ngagpa. Ces universités furent plus tard divisées en foyers. Officiellement, ce monastère comprenait 5 500 moines mais en réalité il en comptait 1 000 de plus.
(1940)

Sera Monastery, situated about 2 miles north of Lhasa City, it was built in the year 1490 by Jhamchen Choeje. It had three colleges, namely Sera Jhe, Sera Mey, and Sera Ngagpa. The three colleges were further divided into hostels. The number of monks according to official figures was 5,500, but in reality exceeded the number by about 1,000.
(1940)

Monastère de Gaden, situé à l'est de la Ville de Lhassa, à environ 22 kilomètres. Il fut construit en 1409 par le très révéré et renommé savant Je Tsongkhapa. Il était divisé en deux grandes universités nommées Gaden Shartse et Gaden Jhangtse, il abritait environ 3 300 moines officiellement, mais leur nombre excédait toujours ce chiffre de 500.
(1940)

Gaden Monastery, situated about 15 miles east of Lhasa City, it was built in the year 1409 by the most revered and famous scholar Je Tsongkhapa. It was divided into two large colleges, namely Gaden Shartse and Gaden Jhangtse which together housed about 3,300 monks on their official list, but the number of monks always exceeded that figure by about 500.
(1940)

Samye : le fameux monastère a été construit sous le règne du roi Trisong Detsen. Son plan fut élaboré par le pandit indien Santiraksita et le monastère fut terminé en 766 après J. C. Ce fut le premier monastère du Tibet. Le grand maître tantrique indien Padma Sambhava ainsi que de nombreux autres pandits indiens célèbres, tel Atisha du Bengale, y séjournèrent et transformèrent ce monastère en un grand centre d'enseignement. Dans ce monastère, plusieurs livres contenant des textes bouddhistes furent traduits du sanskrit en tibétain.
Photo D. D. Tsarong.
(1933)

Samye : the famous monastery was built during the reign of King Trisong Detsen. The plan was laid by the Indian Pandit Santiraksita and completed in A.D. 766. This was the first monastery in Tibet, where the great Indian Tantric Master Padma-sam-bhava and many other celebrated Indian Pandits, like Atisha from Bengal, came and transformed the monastery into a great learning center. It was at this monastery that several Buddhist text books were translated from Sanskrit to Tibetan.
Photo by D. D. Tsarong.
(1933)

Monastère de Ra-daing, situé au nord à environ 75 kilomètres de la capitale, Lhassa ; il fut fondé par Drom Tonpa en 1056. Ce monastère est considéré comme particulièrement sacré.Le treizième Dalaï Lama y effectua plusieurs visites en diverses occasions. Le lama réincarné de Ra-daing, Sa Sainteté Ra-daing Rimpoché occupa les fonctions de régent de 1934 à 1940 en l'absence du Dalaï Lama.
(1954)

Ra-Daing Monastery: situated in the north, about 50 miles away from the capital, Lhasa, it was founded by Drom Tonpa in the year A.D. 1056. Ra-Daing is considered a highly sacred monastery. The thirteenth Dalai Lama made several visits there on various occasions. The reincarnated lama of Ra-Daing, His Holiness the Ra-Daing Rinpoche, assumed the seat of Regent from 1934 to 1940, during the absence of the Dalai Lama.
(1954)

Ngag Chen
Rimpoché du
monastère de
Tashi Lumpo, siège
du lama panchen,
deuxième
dignitaire après le
Dalaï Lama.
(1955)

Ngag Chen
Rinpoche of The
Tashi Lumpo
Monastery, seat of
the Lama Panchen,
second highest
dignitary to the
Dalai Lama.
(1955)

Monastère de Kubum.
C'est un des plus
grands monastères de
l'est dans le quartier
de Kokonor. C'est là
qu'est né Tsong-
Khapa, fondateur de
l'ordre religieux des
gelukpa. Ce
monastère accueillait
4 000 moines y
compris un grand
nombre de lamas
réincarnés, les
labrangs, qui avaient
leur résidence dans le
monastère.
Au centre : Mme
Tsering Dolma, sœur
du Dalaï Lama.
(1955)

Kubum Monastery:
it is one of the biggest
monasteries in the
east, in the
neighbourhood of
Kokonor. It was the
birth place of
Tsongkhapa, founder
of the Gelukpa
religious order. The
monastery had about
4,000 monks,
including a vast
number of
reincarnated lamas,
called the Labrangs,
who had their
residence in the
monastery complex.
In the middle:
Mrs Tsering Dolma,
sister of the Dalai
Lama.
(1955)

Kunde Ling est situé entre le palais du Potala et le Norbu Lingka, le palais d'été du Dalaï Lama. Les *ling* sont connus pour être les demeures des grands lamas réincarnés. Chaque *ling* compte environ 150 à 200 moines sous son administration. Il existait quatre *ling*, à savoir : Kundeling, Tsomoeling, Tengyal Ling et Tsechog Ling. Les régents étaient sélectionnés parmi les lamas réincarnés de ces *ling* en l'absence du Dalaï Lama. Au cours de l'histoire, les lamas candidats de Kundeling Tsomoeling et Tengyal Ling ont servi en tant que régents.
(1947)

Kunde Ling, situated between the Potala Palace and Norbu Lingka, the summer palace of the Dalai Lama. The «Lings» are known to be the dwelling places of high reincarnated lamas. Each «Ling» had about 150 to 200 monks within its administration. There were four Lings, namely Kundeling, Tsomoeling, Tengyal Ling and Tsechog Ling. The Regents were selected from among the reincarnated lamas of these lings, during the absence of the Dalai Lama. Historical past has shown that candidate lamas from Kundeling, Tsomoeling and Tengyal Ling served as Regents.
(1947)

Extérieurs au monastère de Tashi Lhumpo, ces cinq sanctuaires, construits symétriquement, contiennent des reliques considérées comme très saintes et on y effectue des circumductions autour des *chortens* en disant des prières pour gagner des mérites.

Outskirt of the monastery, Tashi Lhumpo. The five shrines built symmetrically contain sacred relics considered to be very holy and people go for holy walk around the Chö-tens saying prayers to gain merits.

Le fameux
Chorten
(stupa) de
Gyantse
connu sous le
nom de
Gyantse Pal-
Gön Chö-ten.

The famous
Chö-ten
(stupa) at
Gyantse
known as the
Gyantse Pal-
Gön Chö-ten.

L'autel de la déesse Palden Lhamo (Maha Kali) se trouvait au troisième étage de la cathédrale centrale de Lhassa. Cette déesse était adorée à la fois par les communautés tibétaines et népalaises et les gens venaient par milliers recevoir ses bénédictions. Une fois par an, Palden Lhamo était promenée autour de la ville après avoir reçu la légation népalaise qui lui présentait des offrandes. Les fidèles adorateurs de la déesse attendaient son passage avec des écharpes et récitaient des prières. La statue de cette déesse fut détruite au cours de la révolution culturelle. (1946)

Goddess Palden Lhamo (Maha Kali), the female deity was altared on the third floor of the Central Cathedral in Lhasa. She was worshipped both by the Tibetans and Nepalese communities. Thousands flocked in to seek her blessing. The Lhamo was taken out once a year around the inner circle of the city. She was even received before the Nepalese Legation, where offerings were made. At intervals, the faithful worshippers awaited with scarves and prayers. The Lhamo was destroyed during the cultural revolution. (1946)

On promène
l'effigie de la
déesse Palden
Lhamo dans la
ville.
(1946)

The female deity,
Palden Lhamo,
being taken
around the city.
(1946)

Toutes les maisons tibétaines possédaient une chapelle selon la richesse de chacun. La photo représente la chapelle de la résidence de l'auteur à Lhassa. L'autel et les casiers contenant les écritures sacrées, situés derrière le trône, formaient la base de cette chapelle. Le lama figurant sur cette photographie est Drikung Trhitsap Rimpoché qui administrait le monastère de Drikung en l'absence de Drikung Kyapgon Chatsang Rimpoché, chef de l'école Drikung Kagyupa. (1949)

Every Tibetan home had a chapel according to its owner's wealth. The photo is that of the chapel of the author's residence in Lhasa. The altar and sacred religious scriptures that were encased behind the throne held the basis of the chapel. The Lama in the picture is the Drikung Trhitsap Rinpoche, who administered the Drikung Monastery during an absence of the Drikung Kaypgon Chetsang Rinpoche, holder of the Drikung Kagyupa sect. (1949)

Durant la grande cérémonie de prière du Monlam, Lhassa était administrée par le monastère de Drepung institué par le cinquième Dalaï Lama. A ce moment-là, les *geyok* maintenaient l'ordre et faisaient respecter la loi. (1953)

During the great prayer festival of Monlam, the administration of Lhasa City was handed over to the Drepung Monastery, a practice instituted by the fifth Dalai Lama. During that period, Geyoks, as they were called, would police the city to maintain law and order. (1953)

Au cours de l'été, les officiels s'amusaient à des compétitions de tir à l'arc. La cible était disposée à environ 25 mètres et à la pointe de la flèche était fixée une pièce de bois évidée, percée de trous sur les côtés, qui produisait un sifflement en vol. L'officier montré ici est Kadrung Malampa. (1945)

During summer recess, officials enjoyed the contest of bow and arrow. The target was placed about 25 yards away and at the point of the arrow there was a hollowed-out wooden piece with holes on the four sides, which made a wistling sound in flight. The officer shown here is Kadrung Malampa. (1945)

De gauche à droite/left to right : les ministres / Ministers Rampa Thubten Kunkyen, Surkhang Wangchen Gelek et/and Kapshopa Chogyal Nima. (1945)

Le *kashag*, bureau du cabinet des ministres, dirigeait l'administration du Tibet ; il comprenait trois, et quelquefois quatre, ministres. Ils effectuaient des tâches administratives au quotidien. Lorsque des affaires importantes étaient à l'ordre du jour le *kashag* faisait appel aux quatre moines secrétaires, appelés *drungyik chenmo*, ainsi qu'aux quatre officiels laïques, appelés *tsepon*. Si les affaires étaient trop importantes pour être discutées par ce collège, alors la décision était soumise à l'Assemblée nationale puis à l'approbation du Dalaï Lama ou du régent.

The Kashag, office of the cabinet ministers, was the head of the government administration of Tibet, which consisted of three, or sometimes four, ministers. Day-to-day administration was carried out from this office. When important state affairs were involved, the Kashag called the four monk secretaries, called the Drungyik Chenmo, and the four lay officials, called Tsepon, for discussion. If the matters were too important to be decided by them, then the National Assembly was called, whose decision would then be sent to the Dalai Lama or to the Regent for approval.

Les moines secrétaires/monk
secretaries: de gauche à droite/
left to right:
Rampa Thubten Kunkeyn, Choktaing
Thubten Norsang, Bumthang Chophil
Thubten et/and Lhading Nagwang
Drakpa.
(1944)

Les quatre *tsepon*/the four Tsepons:
de gauche à droite/left to right :
Lukhangwa Tsewang Rabten,
Shakabpa Wangchuk Deden, Ngapo
Ngawang Jigme et/and Namling Paljor
Dorji.
(1944)

Lors des vacances d'été, les ministres offraient à tour de rôle des réceptions à différents officiels du gouvernement. On voit ici le ministre Kapshopa accueillir ses collègues. Une coutume voulait que l'on accueille ses hôtes les mains jointes lorsqu'ils étaient de même rang que soi. (1946)

During summer recess, the ministers in turn hosted parties to various officials of the Government. It was minister Kapshopa's turn and he is seen here welcoming his colleagues. It was a traditional custom to greet the in-coming guests with folded hands if they were of equal status. (1946)

Les réceptions duraient toute la journée avec déjeuner, goûter, et dîner. Entre les repas certains allaient se promener, d'autres jouaient aux dominos et au *sho*, qui est un jeu tibétain typique. Ces jeux étaient considérés comme conservateurs et joués librement par les officiels de haut rang. Par contre, ils ne jouaient ni au mah-jong ni aux jeux de cartes.
(1946)

The party lasted all day with lunch, tea and dinner. In-between meals, some went for walks, others played dominoes and sho, which was a typical Tibetan game of dice. These games were considered conservative games and were freely played by high-ranking officials. They did not play mah-jong or card games.
(1946)

Chaksam Ferry : la traversée est située à environ 60 kilomètres de Lhassa sur la rivière Yalung Tsango. La rivière s'écoule sur environ 1 600 mètres et rejoint ensuite la rivière Lhassa Kyichu pour former le fleuve Brahamapoutre. Le bac fonctionnait durant les mois d'hiver. Tous les revenus du bac étaient collectés par le monastère de Chaksam Chowori situé à flanc de coteau sur la rive opposée. Il existait alors deux ou trois barges ainsi qu'un certain nombre de bateaux de peau pour transporter les passagers et leurs bagages.

Ce site est un lieu historique très important car, en 1909, lors de l'invasion chinoise, les Tibétains y battirent les troupes chinoises fortes d'environ trois cents cavaliers volontaires qui voulaient capturer le Dalaï Lama et ses ministres en fuite vers l'Inde. Une petite unité de Tibétains, menés par Dasang Dadul Tsarong, retint les poursuivants chinois. La cavalerie chinoise atteignit la berge à la nuit mais les barges et les bateaux avaient été emmenés de l'autre côté de la rivière de sorte qu'ils ne purent continuer immédiatement. Cependant, une petite force menée par Du-gen (un sobriquet donné par les Tibétains et signifiant «vieux diable») se débrouilla pour traverser la rivière et atteignit le monastère. Les Tibétains du monastère coururent dans la colline pour rejoindre la force principale qui était bien à l'abri derrière des rochers. A l'aube, les Chinois ouvrirent un feu nourri sur les Tibétains jusqu' au lever du jour. A ce moment-là, les Tibétains répliquèrent et bientôt une grande confusion régna chez les troupes chinoises qui, paniquées, s'enfuirent dans toutes les directions. Les Chinois avaient certainement sous-estimé les Tibétains et restèrent clairement exposés dans les dunes de sable. Voici un extrait du journal de Dasang Dadul Tsarong :

«A l'aube, le 7 il y eut de nombreux coups de feu tirés depuis le bord de la rivière par trois sections de troupes et par une autre section depuis le monastère. Ayant décidé de sacrifier nos vies dans cette bataille, nous sortîmes vainqueurs en tuant 170 hommes parmi les troupes ennemies. Nos pertes furent de 11 hommes et 5 chevaux. Mes hommes furent dispersés et je leur dis de partir comme ils le voulaient. Cette première victoire est principalement due à mon entraînement à la tactique militaire russe.»

Chaksam Ferry: The crossing is forty-two miles from Lhasa on the Yalung Tsangpo River. The river runs for about a mile and then joins the Lhasa Kyichu River which forms the Brahmaputra River. The ferry is operated during the winter months. All revenues from the ferry were collected by the Chaksam Chuwori monastery which is situated on the hillside of the opposite bank. There were two or three barges and a number of skin boats for the transport of passengers and their luggage.

The site is a very important historical mark for Tibet because the Tibetans defated the Chinese troops numbering about three hundred cavalry who had volunteered to capture the Dalai Lama and his ministers when they fled to India in 1909, during the Chinese invasion. A small force of Tibetans led by Dasang Dadul Tsarong held back the Chinese pursuers. The Chinese cavalry reached the riverside at night, and finding that the barges and the boats had been removed to the other side of the river, they could not advance immediately. However, a small force led by Du-gen (a nickname given by the Tibetans, meaning "Elder Devil") managed to cross the river and reached the monastery. The Tibetans in the monastery ran along the hillside to join the main force who were well sheltered behind rocks. When first light came on, the Chinese troops opened fire heavily on the Tibetans until sunrise. At that moment, the Tibetans started their volley, and in no time the Chinese troops got into a panic and fled in all directions. The Chinese, who must have underestimated the Tibetans, remained clearly exposed in the sand dunes. Here is an excerpt from Dasang Dadul Tsarong's diary:

"At dawn, on the seventh there was heavy firing from the riverside by three sections from the monastery. Having decided to sacrifice our life in this battle, we emerged as the victors, causing the death of one hundred and seventy enemy troops. Our loss was eleven men and five horses were killed. My men were dispersed and I told them to leave at their will. The achievement was mainly due to my training in Russian military tactics, and it was my first victory".

Bac à Chaksam. Habituellement, il n'y avait pas de tentes plantées sur la plage de sable. Celles-ci avaient dû être dressées lors d'une occasion spéciale dans l'attente d'un hôte de marque.

Chaksam ferry. Usually there were no tents pitched on the sand beach. This must have been a special occasion, such as the arrival of a special guest.

Palais du Potala : cette magnifique structure fut construite sous le règne du cinquième Dalaï Lama. La construction dura environ cinquante ans et se termina au XVIIᵉ siècle. En son centre il est haut d'environ vingt étages depuis la base. Il abrite de nombreuses tombes de Dalaï Lamas. Parmi les plus précieuses, se trouvaient celles des cinquième et treizième Dalaï Lamas. Le palais compte un nombre incalculable de pièces, chapelles et halls. Au Namgyal Dran-Tsang lui-même vivaient environ cent soixante-quinze moines pour le service religieux du Dalaï Lama. Je ne sais pas s'il existait une autre construction de vingt étages comme celle-ci il y a trois cents ans.
(1947)

Potala Palace: this magnificent structure was built during the rule of the fifth Dalai Lama. It took almost fifty years to build and was completed at the end of the 17th century. It was about twenty stories high from the centre base. It contained many precious tombs of the past Dalai Lamas. There was a countless number of rooms, chapels and halls. The Namgyal Dran-Tsang itself housed about 175 monks in the religious service of the Dalai Lama. I do not know if there existed another such twenty-story building like this one three hundred years ago.
(1947)

Tout comme le palais du Potala, les meilleures maisons du Tibet étaient construites de pierres, de bois et d'argile. L'argile était déposée entre chaque couche de pierres par des femmes qui redéposaient, tout en chantant, des pierres après solidification de la précédente couche. Toutes les maisons tibétaines possédaient des piliers de bois et la distance entre chaque pilier était de 2,5 m. à 3 m. selon la taille de la poutre disponible. Les étages étaient constitués d'*arka*, une sorte de pierre trouvée à flan de montagne. Elle était écrasée en petits morceaux répandus sur le sol. Après avoir pulvérisé de l'eau, plusieurs femmes battaient le sol à l'aide de pierres plates. Ce travail s'effectuait en chantant et suivant un mouvement rythmé. Une fois terminé, le sol pouvait être comparé à une mosaïque.
(1947)

Like the Potala Palace, the better houses in Tibet were built of stone, wood and clay. Clay was packed between each layer of stones and it was then solidified by women who dropped slabs of stone each time a layer was completed. All Tibetan houses had wooden pillars and the distance between each pillar was 8 to 9 feet according to the size of the wooden beams available. The floor was made of Arka, which was a kind of stone found on the mountain side. It was crushed into small pieces and laid on the floor. After spraying water, several women started beating the floor with a long handled flat stone. They beat the floor stamping rhythmically and singing. The finished floor could compare to mosaic flooring.
(1947)

Officiers supérieurs du gouvernement, le père de l'auteur et le *tsepon* Shakabpa, en train d'inspecter les progrès d'une construction commandée par le gouvernement au cours de l'année 1946.

Senior government officers, the late father of the author and Tsepon Shakabpa are seen here inspecting a government-sponsored building in progress in 1946.

Un tailleur de pierres expérimenté découpe d'énormes rochers en plaques nettes en suivant les veines du granit. Un tel artisan pouvait produire de quarante à cinquante pierres par jour. (1948)

An experienced stone cutter shows his skill in cutting huge boulders into neat slabs by following the vein on the granite. A skilled man could produce about 40 to 50 stones per day. (1948)

Armé d'une masse d'environ dix kilos, il montre son habileté à découper la roche. (1948)

Hammering with a 20-pounder, he useshis skill incutting the boulder. (1948)

La dernière frappe a été couronnée de succès. (1948)

The final strike has rendered successfully. (1948)

Do-de Kungo, le plus grand, en taille, des officiels du gouvernement, mesurait environ 2 m 05.

Do-de Kungo, the tallest man among all the government officials was about 6 ft. 9 inches.

Le plus grand homme connu au Tibet posant pour le photographe. Il mesurait 2,41 m avec ses bottes. Il arriva à Lhassa venant de l'est du Tibet en 1942 et fut candidat au service des gardes du corps du Dalaï Lama. La tradition voulait que ce service se composât d'hommes de haute taille. Pour qu'ils paraissent encore plus impressionnants, les épaules de leurs vêtements étaient rembourrées et leurs habits matelassés. (1943)

The tallest man known in Tibet posing for a photograph. He was 7 ft. 11 inches with his boots on. He was brought to Lhasa from eastern Tibet in 1942 as a candidate to serve the Dalai Lama as a bodyguard. It was a traditional custom to have tall men in the service and they were made to look broader with padded shoulders and quilted inner skirts. (1943)

De gauche à droite/left to right:
Horkhang Sonam Palbar, un éminent savant /an eminent scholar, Lhalu Tsewang Rigzin, ministre/Cabinet Minister, et/and Phala Donyer Chenmo, le secrétaire de Sa Sainteté le Dalaï Lama/the Chief Secretary to His Holiness the Dalai Lama. Tous posent ici en vêtements de tous les jours./All posing in their casual attire.
(1953)

De gauche à droite/left to right: Surkhang Wangchuk Dorji et/and Shokhang Thubten Nima, moines officiels du gouvernement de l'époque/monk officials of the then government of Tibet.
(1944)

Une pratique
religieuse
traditionnelle
consistait à brûler de
l'encens et à prier
pour apaiser les dieux.
(1949)

It was traditional
religious practice to
burn incense and offer
prayers to appease the
Gods.
(1949)

Groupe de dignitaires Tibétains en
tenue ordinaire au cours d'une
réception privée.
(1944/45)

Group of Tibetan dignitaries in casual
attire at a private reception.
(1944/45)

Mr George Sheriff accompagné de sa femme
Betty quittant Lhassa après avoir été pendant
trois années en charge de la mission
britannique. Ils portent des écharpes d'adieu
offertes par les représentants du service
tibétain des étrangers.
(1944)

Mr. George Sheriff accompanied by his wife,
Betty, leaving Lhasa after spending about
three years in charge of the British Mission.
They are wearing farewell scarfs presented by
the representatives of the Tibet foreign service
department.
(1944)

La rivière Kyichu est tout à fait calme jusqu'à Chushul et les voyageurs qui souhaitent se diriger plus loin vers le sud peuvent poursuivre leur périple pendant encore deux jours.
(1947)

The Kyichu River is quite smooth all the way to Chushul and travellers heading south could continue their journey further for another two days.
(1947)

A l'occasion de l'arrivée de la future princesse du Sikkim, la fiancée de Yapahi Phunkhang Sey.
Au premier rang, de gauche à droite : Rani Taring, Raja Taring, princesse Pema Tsedon du Sikkim, Mme Jigme Taring et Sogshing Yapa La du Sikkim.
Au fond : un inconnu, M. Jigme Taring, Lingmo Yapa La du Sikkim.
(1941)

Left to right, front row: Rani Taring, Raja Taring, Princess Pema Tsedon of Sikkim, Mrs Jigme Taring, and Sogshing Yapa La of Sikkim.
Back row : Unknown, Mr. Jigme Taring, Lingmo Yapa La of Sikkim Khenzong Kazi N. Dadul. The occasion was the arrival of the Sikkim princess to-be, the bride of Yapahi Phunkhang Sey Gonpo Tsering.
(1941)

Lorsqu'une future mariée arrivait à la maison de son
fiancé, on approchait cette plate-forme faite de sacs
d'orge, de farine et de sel pour l'aider à descendre de
son poney. La plate-forme était recouverte de peaux de
tigre, de brocarts de couleurs assorties et d'écharpes, ce
qui signifiait abondance et chance
pour la maison.
(1940)

When a bride reached the groom's house, she was
helped to dismount her pony onto this platform. The
platform was built with sacks of barley, wheat, and salt.
It was then covered with tiger skin, brocade of assorted
colours, and scarfs. The significance of this was that it
would bring abundance of good luck
to the house.
(1940)

L'ex-général Ding-Jha au cours d'une partie de *carom,* un
jeu populaire à Lhassa. Le général Ding-Jha était un homme
jovial et généreux. Il faisait partie des officiers qui avaient
suivi un entraînement dans l'artillerie pendant le règne du
treizième Dalaï Lama. Il porte ici une coiffure qui était
obligatoire parmi les officiels du gouvernement : le *pachok,*
ce qui signifiait le «nœud du héros». La petite boîte magique
au centre du nœud révèle le rang de l'officier : elle n'était
portée qu'à partir du quatrième grade.
(1944)

Ex-general Ding-Jha having a game of carom. It was a popular
game in Lhasa. General Ding-Jha was a kind-hearted and
jovial man. He was one of the officers who went to Shilong
and Quetta for training in artillery during the reign of the
13th Dalai Lama. He is wearing a head-dress which was
compulsory in the circles of the Government officials. It was
called the "Pachok", meaning the knot of the hero. The small
charm box in the center of the knot reveals the rank of the
officer. The charm box is worn by fourth-rank officials and
above only.
(1944)

Les amis et parents se disaient souvent au revoir front contre front. Sur cette photo, prise à Chamdo au moment où la délégation de Lhassa s'en retournait vers la capitale après un voyage en Chine, on voit à droite Tsewang Rabten chef de la délégation pour la Chine, qui menait les officiels et divers représentants du peuple, et à gauche, le chef de la délégation de la zone de Chamdo, dans le Kham, au Tibet oriental. (1956)

Departing friends and relatives often bade farewell rubbing foreheads. In this picture, on the right, is Lhalu Tsewang Rabten, head of the touring delegation to China, who led the officials and various representatives of the people in Lhasa areas; on the left is the leader of the delegation from the Chambo area (Kham, eastern Tibet). The picture was taken at Chambo when the Lhasa delegation was leaving for Lhasa after their tour in China. (1956)

Heinrich Harrer, un montagnard allemand qui a fui de l'Inde pour le Tibet au cours de la Seconde Guerre mondiale. On le voit ici en train d'aider l'auteur et sa femme à descendre d'une grotte regardée comme un centre de pèlerinage sacré à Yerpa.
(1945)

Henrich Harrer, a German mountaineer who escaped from India into Tibet during the Second World War, is seen here helping the author and his wife down from a cave considered a sacred pilgrimage center at Yerpa.
(1945)

De gauche à droite : Mme Neto, Mme Y D. Tsarong, Mme T. Y. Dorji, Peter Aufschniter, un autre montagnard allemand et compagnon de Heinrich Harrer, et l'auteur.
(1945)

L. to R. : Mrs Neto, Mrs Y.D. Tsarong, Mrs T.Y. Dorji, Peter Aufshniter, a German mountaineer and Henrich Harrer's companion, and the author. (1945)

Ce costume, porté par l'auteur, date du règne de Rinpung au Tibet, au XVᵉ siècle. Le gouvernement tibétain conservait très soigneusement ces costumes en les stockant dans le *namsey-genzoe*, salle du trésor du palais du Potala. Ils étaient sortis chaque année lors d'occasions spéciales par le conseil des ministres, et le représentant du Dalaï Lama assistait personnellement à l'ouverture de la salle du trésor.

La tradition imposait aux nouveaux officiels de revêtir ces costumes au cours de la fête du Nouvel An au palais du Potala mais également en d'autres occasions, comme celle de l'entrée du Dalaï Lama au monastère de Drepung en tant qu'étudiant, ou encore lors de ses visites et de ses voyages. Les officiels qui figuraient sur la liste étaient appelés un jour avant la cérémonie pour se voir délivrer les costumes. Chaque pièce du costume, y compris les ornements précieux, lui était remise avec une liste détaillée afin de s'assurer que tout était complet. Cette liste faisait état des pierres fêlées et ébréchées et, à l'issue de la cérémonie, l'ensemble était rendu après que l'on se soit assuré que tout était intact. Si un dommage ou une perte était constaté, celui qui avait porté le costume était responsable et devait procéder au remplacement. Certaines personnes qui perdirent des turquoises durent s'endetter pour remplacer ces précieuses pierres.

(1947)

The costume worn by the author is from the time of Rinpung's rule in Tibet in the 15th century. The Tibetan government preserved these costumes very carefully, and they were stored in the Namsey-Genzoe, the treasury at the Potala Palace. They were taken out every year and on special occasions by the council of ministers together with the Dalai Lama's representative. There had been occasions when the Dalai Lama was personally present during the opening of the Namsey Genzoe. Traditional custom imposed on the junior officials the duty of wearing these costumes during the New Year's festival at the Potala Palace and on other special occasions like the Dalai Lama's entrance as a student into the Drepung monastery or on his visits and travels. The officials, whose turn was shown on a list, were called upon to take delivery of the costumes one day before the ceremony. Items were delivered one by one with a detailed list of the costumes with precious ornaments, making sure there were no missing stones on the ornaments. Even cracked or chipped stones were recorded on the list. After the ceremony, they were taken back, making sure that everything was intact. If damage or loss of any part was found, the wearer was responsible for replacing them. If someone had lost turquoises, they sometimes had to get into debt to replace them.

(1947)

Tous les douze ans avait
lieu la cérémonie de
Drikung Phowa Chenmo à
Tedrom, une zone très
éloignée, à environ 65
kilomètres de Lhassa. Elle
symbolise le grand
transfert de l'âme et est
bénie par Drikung
Kyapgon Rimpoché. Des
milliers de personnes,
indifférentes aux
difficultés, se rassemblaient
à cet endroit où elles
plantaient leurs tentes,
apportant avec elles tout ce
dont elles avaient besoin.
(1953)

Every twelve years, the
Drikung Phowa Chenmo
was held at Tedrom, a very
remote area, about 40
miles from Lhasa. The
occasion was the Drikung
Phawa Chenmo,
symbolizing the great
transference of soul, which
was blessed by the Drikung
Kyapgon Rinpoche.
Thousands of people,
regardless of hardship,
flocked to the place, where
they pitched their tents.
These people brought all
their necessities with them.
(1953)

Assemblée de
spectateurs au cours
du *Drikung Phowa
Chenmo.* (1953)

Congregation of
people during the
Drinkung Phowa
Chenmo.
(1953)

Le *zo* est le fruit du croisement d'un yack et d'une vache. Cet animal est considéré comme très solide. Il est surtout utilisé pour les travaux des champs.

A cross-breed between a yak and a cow is called a "zo", which is considered a stronger animal and used normally in field plowing.

Au cours d'une cérémonie célébrée le premier jour des semailles, les *zo* étaient ornés de plumes et de poils teints et formaient ainsi un spectacle très coloré.
(1953)

At a ceremony celebrated on the first day of sowing crops, the "zos", were colourfully ornamented with plumes and dyed hair.
(1953)

Les yacks sont les animaux les plus importants pour les Tibétains. Ils constituent la principale source de produits laitiers, tels que le beurre, différents yogourts et fromages. Ses poils servaient à fabriquer une sorte de tissu résistant appelé *ba*, avec lequel les nomades faisaient des tentes. On employait ce tissu pour fabriquer de nombreux autres objets comme l'auvent du balcon de façade du palais du Potala pour le protéger du soleil et de la pluie. Les queues de yacks étaient exportées et souvent utilisées dans les théâtres. La peau servait à faire des bateaux, etc. La viande était consommée en grande quantité et le yack était également un moyen de transport.

Le yack mâle est appelé *kyupo*. Il est de taille imposante et se tient à distance du troupeau, sauf pendant la saison des amours. La taille de ces animaux varie selon les endroits ; on trouve les plus grands à Mam-Shung, dans la province de Drikung. Il existe d'autre sortes de yacks, le *ayu*, un yack sans cornes, très résistant et excellent pour le transport et pour la monte, et le *dong*, yack sauvage, énorme et très dangereux.

Yaks were the most important animals in Tibet. Almost every part of the animal was used for various needs. Its hair was for making a kind of tough tent fabric called "Ba", used by the nomads. It was widely used for many other purposes. Even the front balcony of the Potala was covered with this material for sun and rain protection. Its tail was one of Tibet's export items and it was generally used for theatrical purposes. Its skin was used for making boats, etc. Besides its meat, consumed in large amounts, the yak was used for transport. The male yak is called "Kyupo". It is very large in size and stays aloof except during mating season. The size of the yak varies from region to region. The largest yaks were to be found at Mam-Shung, a province of Drikung. There is another kind of yak called "Ayu", a hornless yak. It is very tough but excellent for transport and riding. Then there is the "Dong", a wild yak, enormous in size and very dangerous, too.

Le sommet du col de Nathu La à 4 350 mètres au-dessus du niveau de la mer, forme la frontière entre l'Inde et le Tibet. Les bouddhistes croient que tous les cols de haute montagne sont protégés par certaines déités et, par conséquent, les voyageurs hissent des drapeaux de prière et récitent des prières pour s'attirer leurs bénédictions. La montagne dans le fond, nommée Chomo Lhari, s'élève entre le Tibet et le Bouthan.
(1957)

The top of Nathu La Pass, 14,300 ft. above sea level, is the boundary between India and Tibet. All Buddhists believe that at every high mountain pass, certain dieties protect the area and therefore, travellers hoist prayer flags and chant prayers to seek their blessing. The mountain in the background is the Chomo Lhari, between Tibet and Buthan.
(1957)

L'arrivée d'une partie des forces chinoises à Lhassa. Ils utilisaient toutes sortes de moyens de transport. On voit même parmi eux l'unique Jeep que l'on avait assemblée à proximité. (1951)

The arrival of some of the Chinese Communist forces at Lhasa. Many different transports were used. Even a lone Jeep, assembled near the city, joined the line of troops. (1951)

Contrairement aux troupes chinoises, qui pénétrèrent dans Lhassa en 1909 en tirant et tuant sans discrimination de nombreux civils, les troupes communistes se tinrent tranquilles à leur arrivée en 1951, bien qu'elles fussent très prudentes et tinssent prêtes leurs armes automatiques. Les Tibétains se souvenant de l'invasion de 1909, peu de gens furent assez audacieux pour sortir de leur maison et regarder l'arrivée de ces troupes.
(1951)

Unlike the Chinese troops who entered Lhasa in 1909, shooting indiscriminately and killing many civilians, the communist troops were peaceful when they arrived; yet, they were cautious and were carrying their automatic rifles ready, should any trouble appear. The Tibetans remembered what had happened, so not many people dared to come out of their homes to watch the arrival of the troops.
(1951)

Arrivée d'une partie des troupes d'invasion chinoises à Lhassa. Ils utilisaient toutes sortes d'animaux pour se déplacer, y compris des chameaux.
(1951)

Arrival of some of the invading Chinese forces at Lhasa. All sorts of animal transports were used, including camels.
(1951)

Carte du Tibet peinte par/A map of Tibet painted by: Tenzin Tsonyi, Losel - Dessinée par/Designed by: Kim Yeshi - ©1991

Ouvrages conseillés - Recommanded books

BACOT J., *Milarépa* - Fayard, Paris (1971).

BATCHELOR, *Le Guide du Tibet* - Olizane, Genève.

BLONDEAU A. M., *Les religions du Tibet.* Histoire des Religions III - Encyclopédie de la Pléiade, Paris (1976).

COLLECTIF, *Tibet, the Facts* - Tibetan Young Buddhist Ass. Darhamsala (1990, 2ème édition).

DAVID-NEEL Alexandra, *Le voyage d'une Parisienne à Lhassa* - Plon, Paris (1992).

EDOU J. et VERNADET R., *Les Chevaux du vent* - L'Asiathèque, Paris (1992).

EPSTEIN I., *Tibet Transformed* - New World Press, Beijing (1983).

FORD, *Captured in Tibet*.

HARRER H., *Sept ans d'aventures au Tibet* (*Seven Years in Tibet*) - Arthaud.
        Return to Tibet - Arthaud.

PETECH L., *Dalai Lamas and Regents of Tibet. A chronological study*
        Aristocracy and Government in Tibet 1728-1959 - T'oung Pao, vol. XLVII, livre 3-5 (1959) Série
        orientale n° XV, Rome (1973).

SHABKAPA W. D., *Tibet, A Political History* - London (1985).

SNELLGROVE and RICHARDSON, *A Cultural History of Tibet* - Prajna Press (1980).

STEIN R. A., *La Civilisation Tibétaine* - L'Asiathèque, Paris (1981).

TARING M., *Daughter of Tibet* - London.

TENZIN GYATSO, *le XIVe Dalaï Lama : Mon Pays et mon Peuple (My Land and People)* - Olizane, Genève .